初級日本語会話

초급 일본어회화

한국외국어대학교
일본학술도서편찬위원회

HU:iNE

머리말

이번에 출판하게 된 『초급 일본어회화』는 우리대학교 일본어전공학생들이 1학년과정에서 사용하는 강독이나 독해, 작문, 시청각 일본어 등의 교재와 더불어 기초적이고 중요한 문형을 일상회화에서 쓰는 표현으로 다시 한 번 반복하여 연습할 수 있도록 새롭게 편찬한 교재이다.

각 과에서는 적절한 상황이 설정되고 그 상황에 맞는 표현과 대화문이 제시될 뿐만 아니라 다양한 연습문제를 통하여 반복하여 연습하고 또한 응용할 수 있도록 편성하였다. 또한 부록에서는 일상회화에서 자주 쓰이는 시간과 요일, 기간, 조수사와 동사활용표를 수록하여 효율적인 지도와 학습의 편의를 도모하였다.

따라서 본 교재는 일본어전공이 개설된 대학에서 초급수준의 화화교재로 사용할 수 있으며 혼자서 독학으로 처음 일본어 회화를 공부하시는 분들에게도 도움이 되리라 본다.

본 일본학술도서편찬위원회에서는 초급수준의 일본어와 시대적인 흐름에 맞추어 나름대로 최선을 다해 적절한 상황과 문형과 단어를 선별하고 정리하려고 하였으나 부족하고 미진한 부분도 많이 남아 있으리라 생각된다. 앞으로 수정과 보완을 통하여 더욱더 좋은 교재가 되기 위해서 이 책을 사용하시는 분들의 많은 조언을 기대해 마지않는다.

끝으로 이 책이 편찬되어 나오기까지 노고를 아끼지 않으신 여러분들께 깊이 감사드리는 바이다.

2008년 3월

한국외국어대학교 일본학술도서편찬위원회

目次

머리말 i

登場人物 3

あいさつのことば 4

第１課 日本語科の学生です。 7

第２課 それは日本の本ですか。 13

第３課 図書館で本を読みます。 17

第４課 いっしょに行きませんか。 23

第５課 簡単な料理ですよ。 27

第６課 ちょっと辛かったですが、とてもおいしかったです。 33

第７課 机の上に写真がありますね。 39

第８課 この近くにファーストフードのお店はありますか。 43

第９課 お酒も飲みたいですね。 47

第10課 日本より高いですね。 51

第11課 おせんべいを買って食べました。 57

第12課 アルバイトの給料日でしたから。 61

第13課 キムさんは、日本へ行ったことがありますか。 65

第14課　最近、ダイエットをしているんです。 ---------- 69

第15課　田中さんにもらったおみやげです。 ---------- 73

第16課　このテレビ、電源がつきませんね。 ---------- 79

第17課　授業を休んでもいいでしょうか。 ---------- 85

第18課　通訳になりたいと思ってるんだ。 ---------- 89

第19課　日本に行ったら、メール書きますよ。 ---------- 95

第20課　交換留学の試験に合格したそうだよ。 ---------- 99

第21課　田中さんの顔を見れば、わかりますよ。 ---------- 103

第22課　書類を家まで取りに来てもらえませんか。 ---------- 107

第23課　寝坊して、寮に置いて来ちゃった。 ---------- 111

第24課　田中くんに告白されたんです。 ---------- 115

第25課　先生はお酒を召しあがりますか。 ---------- 119

第26課　わたしが大阪をご案内します。 ---------- 123

付録　127

登場人物

韓国外国語大学の学生と先生

キム　ヨンジ

日本語科の学生

19歳

パク　ミンギ

日本語科の学生

19歳

井上先生

日本語科の先生

日本人留学生

田中　ひろし

21歳

木下　愛子

21歳

あいさつのことば

おはようございます。
おはようございます。

こんにちは。
こんにちは。

こんばんは。
BUS
こんばんは。

さようなら。
さようなら。

① すみません。
② いいえ。

① ありがとう
ございます。
② いいえ、
どういたしまして。

① どうぞ。
② しつれい
失礼します。

第１課　日本語科の学生です。

－大学の国際交流ラウンジで－

キム：あのう、すみません。日本の方ですか。

田中：はい、そうです。

キム：わたしは日本語科の学生です。キム ヨンジです。

田中：留学生の田中 ひろしです。どうぞよろしく。

ー自己紹介(じこしょうかい)ー

はじめまして。

日本語科(にほんごか)のパク　ミンギです。

出身(しゅっしん)はソウルです。

趣味(しゅみ)はサッカーです。

どうぞよろしくお願(ねが)いします。

はじめまして。

留学生(りゅうがくせい)の木下(きのした)　愛子(あいこ)です。

日本(にほん)から来(き)ました。

趣味(しゅみ)は旅行(りょこう)です。

どうぞよろしくお願(ねが)いします。

【練習１】　例のように話しましょう。

例）　Ａ：Ｂさんは学生ですか。

　　　Ｂ：はい、そうです。

　　　　／　いいえ、会社員です。

例）　学生　　　（会社員）

１）　１年生　　（２年生）

２）　２年生　　（３年生）

３）　日本語科の学生　　（英語科の学生）

４）　韓国外国語大学の学生　　（イムンドン大学の学生）

【練習２】　例のように話しましょう。

例）　A：出身はどこですか。

　　　B：（出身は）<u>ソウル</u>です。

例）ソウル

1）プサン

2）テジョン

3）インチョン

4）スウォン

【練習(れんしゅう) 3】　例(れい)のように話(はな)しましょう。

例(れい))　趣味(しゅみ)は<u>読書(どくしょ)</u>です。

例(れい))　読書(どくしょ)

1)　サッカー

2)　ダンス

3)　旅行(りょこう)

4)　音楽鑑賞(おんがくかんしょう)

◆ 趣味(しゅみ) ◆

【練習(れんしゅう) 4】　例(れい)のように話(はな)しましょう。

例(れい)）　　－自己紹介(じこしょうかい)－

> はじめまして。
>
> 日本語科(にほんごか)のキム　ヨンジです。
>
> 出身(しゅっしん)はソウルです。
>
> 趣味(しゅみ)は読書(どくしょ)です。
>
> どうぞよろしくお願(ねが)いします。

	わたし	＿＿＿＿さん	＿＿＿＿さん	＿＿＿＿さん
名前(なまえ)				
学科(がっか)				
出身(しゅっしん)				
趣味(しゅみ)				

第(だい)2課(か)　それは日本(にほん)の本(ほん)ですか。

－大学(だいがく)で－

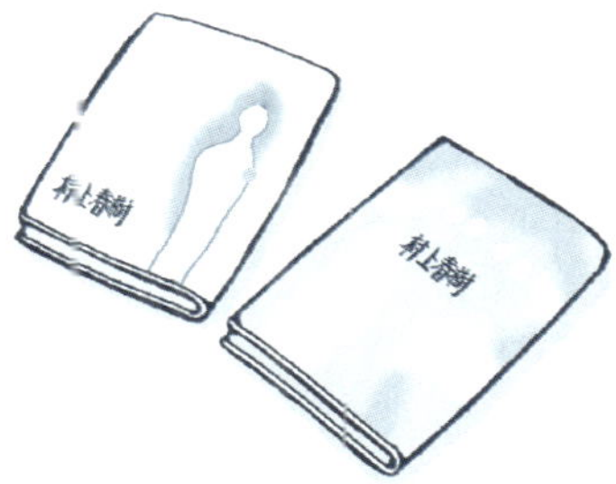

田中(たなか)：あのう、それは日本(にほん)の本(ほん)ですか。

キム：はい、そうです。日本(にほん)の小説(しょうせつ)です。

田中(たなか)：キムさんのですか。

キム：いいえ、わたしのじゃないです。図書館(としょかん)の本(ほん)です。

村上春樹(むらかみはるき)の『ノルウェイの森(もり)』です。

田中(たなか)：えっ。わたしのこの本(ほん)も村上春樹(むらかみはるき)の小説(しょうせつ)ですよ。

キム：あっ、ほんとうですね。

【練習(れんしゅう)１】　例(れい)のように話(はな)しましょう。

例(れい)）　Ａ：Ｂさん、それは何(なん)ですか。

　　　　Ｂ：これはカルビです。

例(れい)）カルビ　　１）ビビンバ　　２）冷麺(れいめん)　　３）ゆず茶(ちゃ)

 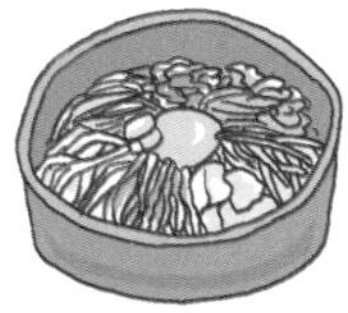 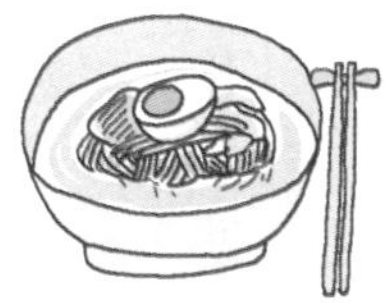 

【練習(れんしゅう)２】　例(れい)のように話(はな)しましょう。

例(れい)）　Ａ：Ｂさん、これはＢさんのかばんですか。

　　　　Ｂ：いいえ、わたしのじゃないです。パクさんのです。

例(れい)）　これ　／　かばん　（パクさん）

１）　それ　／　カメラ　（イさん）

２）　あれ　／　車(くるま)　（友達(ともだち)）

３）　これ　／　教科書(きょうかしょ)　（先生(せんせい)）

４）　それ　／　本(ほん)　（図書館(としょかん)）

【練習３】　例のように話しましょう。

例）　Ａ：この<u>傘</u>はだれのですか。

　　　Ｂ：それは<u>わたし</u>のです。

例）傘　　１）財布　　２）かばん　　３）ノート　　４）携帯電話

わたし

イさん

木下さん

パクさん

田中さん

【練習４】　例のように話しましょう。

例）Ａ：Ｂさん、それは何の<u>教科書</u>ですか。

　　Ｂ：これは<u>日本語会話</u>の<u>教科書</u>です。

例）教科書（日本語会話）

１）雑誌（コンピューター）

２）本（料理）

３）チケット（コンサート）

４）ＤＶＤ（日本映画）

◆ もの ◆

 時計(とけい)	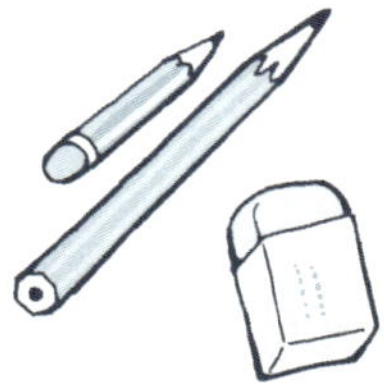 えんぴつ ／ 消(け)しゴム	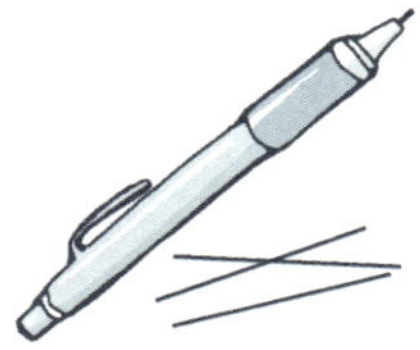 シャーペン (シャープペンシル)
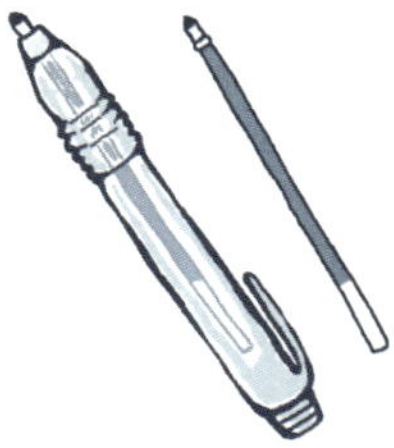 ボールペン	 ノート	 教科書(きょうかしょ)
 辞書(じしょ)	 電子辞書(でんしじしょ)	 手帳(てちょう)
 財布(さいふ)	 携帯電話(けいたいでんわ)	 眼鏡(めがね)

第３課　図書館で本を読みます。

－大学で－

キム：田中さん、こんにちは。

田中：こんにちは。今、どこへ行きますか。

キム：図書館へ行きます。３時から５時まで、図書館で本を
　　　読みます。田中さんも図書館へ行きますか。

田中：はい。水曜日はいつも、夜まで図書館で勉強します。

キム：何時に家へ帰りますか。

田中：７時に帰ります。

キム：夜ごはんは家で食べますか。

田中：はい。たいてい家で食べます。

【練習１】　例のように話しましょう。

例）A：デパートは、何時から何時までですか。

B：デパートは、午前10時から午後８時までです。

例）

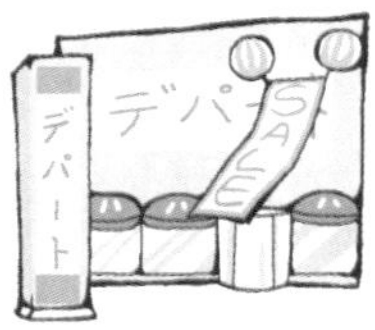

AM10:00
～PM8:00

１）

AM9:00
～PM5:00

２）

AM10:00
～PM4:00

３）大学の図書館

AM________
～PM________

【練習２】　例のように話しましょう。

例）A：Bさんは、週末、大学へ来ますか。

B：いいえ、来ません。Aさんは来ますか。

A：はい、わたしは来ます。

例）大学へ来ます	１）映画を見ます
２）日本語を勉強します	３）お酒を飲みます

【練習(れんしゅう) 3】　例(れい)のように自由(じゆう)に話(はな)しましょう。

例(れい)）A：いつもどこで映画(えいが)を見(み)ますか。

B：チョンノで見(み)ます。

> 例(れい)）映画(えいが)／見(み)ます
>
> 1）夜(よる)ごはん／食(た)べます　　2）本(ほん)／読(よ)みます
>
> 3）買(か)い物(もの)／します　　4）宿題(しゅくだい)／しミす

【練習(れんしゅう) 4】　例(れい)のように自由(じゆう)に話(はな)しましょう。

例(れい)）A：Bさんは、毎朝(まいあさ)何(なに)を食(た)べますか。

B：わたしは、毎朝(まいあさ)パンを食(た)べます。

		＿＿さん	＿＿さん	＿＿さん
例(れい)	毎朝(まいあさ)／何(なに)／食(た)べます			
1	いつも／どこ／お昼(ひる)ごはん／食(た)べます			
2	きょう／何時(なんじ)／帰(かえ)ります／			
3	あした／何(なに)／します			
4	今週(こんしゅう)の日曜日(にちようび)／何(なに)／します			

◆ 動詞(どうし) ◆

起(お)きます

寝(ね)ます

行(い)きます

来(き)ます

帰(かえ)ります

 食(た)べます	 飲(の)みます	 話(はな)します
 聞(き)きます	 見(み)ます	 買(か)います
 読(よ)みます	 書(か)きます	 歌(うた)います
 勉強(べんきょう)(を)します	 旅行(りょこう)(を)します	 運動(うんどう)(を)します

◆ 建物（たてもの）・場所（ばしょ） ◆

図書館（としょかん）

映画館（えいがかん）

公園（こうえん）

銀行（ぎんこう）

郵便局（ゆうびんきょく）

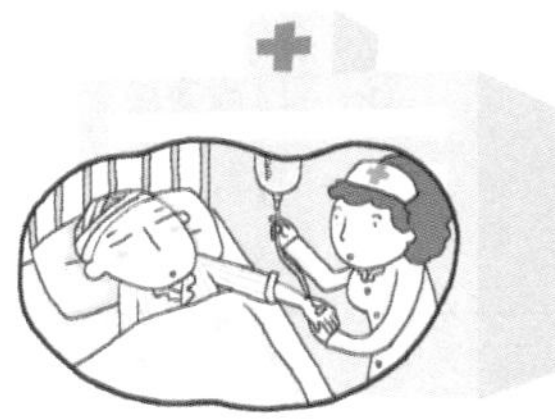

病院（びょういん）

会社（かいしゃ）

レストラン

第４課　いっしょに行きませんか。

－大学の正門で－

田中：きょうの授業は終わりましたか。

キム：はい。これから帰ります。

田中：じゃあ、いっしょに帰りましょう。

キム：田中さんは週末どこかへ行きますか。

田中：はい。映画を見に行きます。

キム：だれと見に行きますか。

田中：一人で行きます。あ、キムさん、いっしょに行きませんか。

キム：あ、いいですね。行きましょう。

【練習1】 例のように話しましょう。

例）A：中間テストはいつですか。

B：4月19日です。

例）中間テスト	1）バレンタインデー	2）ホワイトデー
	3）子供の日	4）誕生日

【練習2】 例のように話しましょう。

例）A：ソウルから東京まで、何で行きますか。

B：飛行機で行きます。

例）ソウル～東京	1）ソウル～プサン	2）ソウル～京都
	3）家～空港	4）大学～カンナム

【練習3】 例のように話しましょう。

例）A：きのう、テレビを見ましたか。

　　B：いいえ、見ませんでした。Aさんは見ましたか。

　　A：はい、見ました。

例）テレビを見ます	1）新聞を読みます	2）図書館へ行きます
	3）運動をします	4）日本語の勉強をします

【練習4】 例のように自由に話しましょう。

例）A：いつも、だれと映画を見に行きますか。

　　B：友達と見に行きます。／　一人で見に行きます。

例）映画を見ます	1）ごはんを食べます	2）遊びます
	3）お酒を飲みます	4）買い物をします

友達	彼氏	彼女	父	母
兄	姉	弟	一人で	・・・

【練習５】　例のように話しましょう。

例）A：Bさん、あしたいっしょにお酒を飲みませんか。

B：お酒ですか。いいですね。飲みましょう。

／　すみません。お酒はちょっと…。

例）あした／お酒／飲みます	
1）土曜日／テニス／します	2）今晩／焼き肉／食べます
3）日曜日／海／泳ぎに行きます	4）あした／映画／見に行きます

◆　乗り物　◆

バス

タクシー

飛行機

電車

地下鉄

船

第5課　簡単な料理ですよ。

－大学の正門で－

キム：田中さん、おはようございます。

田中：あ、キムさん、おはようございます。

キム：朝ごはんは食べましたか。

田中：はい。フレンチトーストを食べました。

キム：フレンチトーストですか。

田中：はい。

キム：どんな料理ですか。

田中：簡単な料理ですよ。材料はパンとたまごと牛乳です。砂糖も入れます。おいしいですよ。

【練習(れんしゅう) 1】　例(れい)のように話(はな)しましょう。

例(れい)）　A：大学(だいがく)の食堂(しょくどう)は安(やす)いですか。

B：はい、安(やす)いです。　／　いいえ、安(やす)くないです。

（いいえ、高(たか)いです。）

> 例(れい)）大学(だいがく)の食堂(しょくどう)／安(やす)い
>
> 1）　韓国料理(かんこくりょうり)／おいしい　　　2）　日本語(にほんご)の勉強(べんきょう)／難(むずか)しい
>
> 3）　ソウルの地下鉄(ちかてつ)／便利(べんり)　　　4）　Bさんの部屋(へや)／きれい
>
> 5）　Bさんの時計(とけい)／　？　　　6）　Bさんの友達(ともだち)／　？

【練習(れんしゅう) 2】　例(れい)のように話(はな)しましょう。

例(れい)）　A：チェジュドはどんな所(ところ)ですか。

B：きれいな所(ところ)ですよ。

> 例(れい)）チェジュド／所(ところ)（きれい）
>
> 1）キムチチゲ／料理(りょうり)（安(やす)い）　　　2）木村(きむら)さん／人(ひと)（まじめ）
>
> 3）京都(きょうと)／所(ところ)（静(しず)か）　　　4）マッコリ／お酒(さけ)（ちょっと甘(あま)い）
>
> 5）○○／店(みせ)（　？　）　　　6）○○さん／人(ひと)（　？　）

【練習３】 例のように自由に話しましょう。

例） Ａ：プサンはどんな所ですか。

Ｂ：プサンは魚がおいしい所ですよ。

例）プサン／所

１）ソウル／所

２）韓国／国

３）韓国外国語大学／大学

【練習４】 例のように自由に話しましょう。

例） どんな音楽が好きですか。 ― クラシックが好きです。

／ 静かな音楽が好きです。

		わたし	＿＿＿＿さん	＿＿＿＿さん	＿＿＿＿さん
例	音楽／好き				
1	食べ物／好き				
2	食べ物／嫌い				
3	人／好き				
4	スポーツ／得意				
5					

◆ い形容詞(けいようし) ◆

大(おお)きい／小(ちい)さい

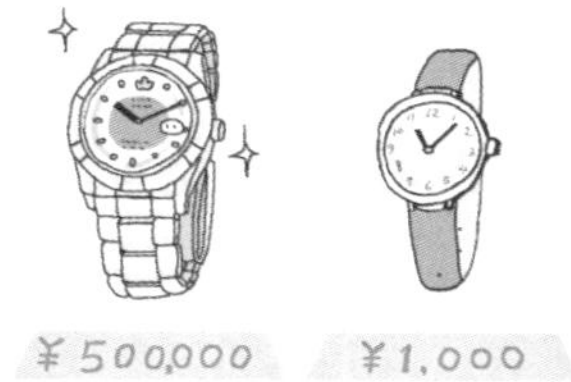

高(たか)い／安(やす)い

おいしい／まずい

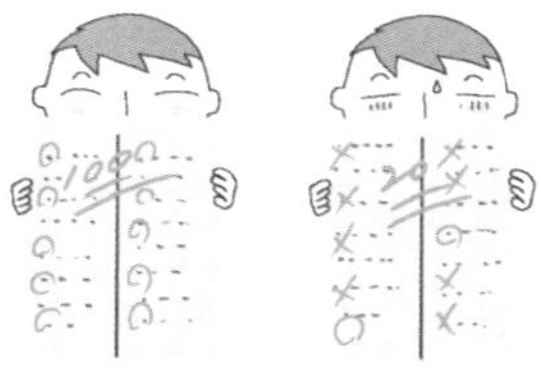

いい／悪(わる)い

易(やさ)しい／難(むずか)しい

おもしろい／つまらない

遠(とお)い／近(ちか)い

広(ひろ)い／狭(せま)い

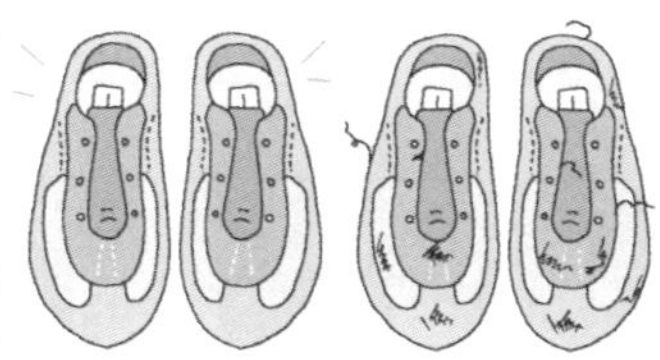

新(あたら)しい／古(ふる)い

暑(あつ)い／寒(さむ)い

楽(たの)しい

忙(いそが)しい

◆ な形容詞(けいようし) ◆

ハンサム

きれい

きれい

元気(げんき)

親切(しんせつ)

まじめ

静(しず)か

便利(べんり)

暇(ひま)

好(す)き／嫌(きら)い

上手(じょうず)／下手(へた)

◆ 食べ物（たもの） ◆

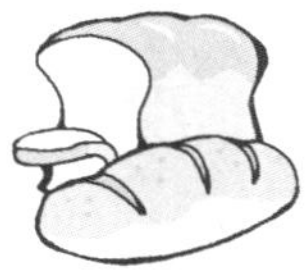
パン

ごはん

肉（にく）

魚（さかな）

野菜（やさい）

たまご

チーズ

豆腐（とうふ）

ケーキ

アイスクリーム

◆ 飲み物（のもの） ◆

水（みず）

お茶（ちゃ）

牛 乳（ぎゅうにゅう）

コーヒー

紅茶（こうちゃ）

ジュース

ビール

焼 酎（しょうちゅう）

ワイン

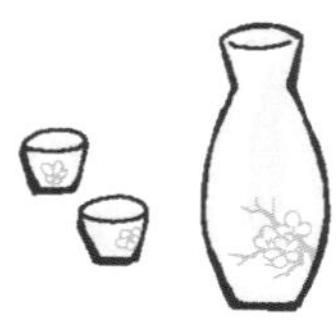
日本酒（にほんしゅ）

第6課　ちょっと辛かったですが、とてもおいしかったです。

－大学で－

キム：あっ、12時ですね。お昼を食べに行きませんか。

田中：ええ、行きましょう。どこで食べましょうか。

キム：うーん。田中さんは韓国料理が好きですか。

田中：はい、大好きです。きのうも学生食堂でキムチチゲを食べました。ちょっと辛かったですが、とてもおいしかったです。

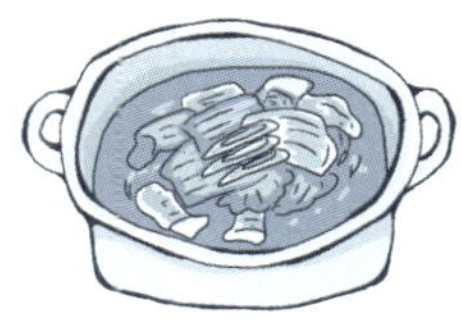

キム：じゃ、きょうは駅の近くの外大前食堂へ行きませんか。

田中：外大前食堂ですか。

キム：ええ。定食が安くて、おいしいですよ。

田中：いいですね。行きましょう。

【練習(れんしゅう)１】 例(れい)のように話(はな)しましょう。

例(れい)１） Ａ：海外旅行(かいがいりょこう)は楽(たの)しかったですか。

Ｂ：はい、楽(たの)しかったです。 ／ いいえ、楽(たの)しくなかったです。

例(れい)２） Ａ：ホテルはきれいでしたか。

Ｂ：はい、きれいでした。 ／ いいえ、きれいじゃなかったです。

例(れい)１）海外旅行(かいがいりょこう)／楽(たの)しい

例(れい)２）ホテル／きれい

１）チェジュド／暖(あたた)かい

２）先週(せんしゅう)の小(しょう)テスト／難(むずか)しい

３）ゆうべ、となりの部屋(へや)／静(しず)か

４）ホテルの人(ひと)／親切(しんせつ)

５）おととい、デパート／休(やす)み

６）きのう、プサン／いい天気(てんき)

【練習２】 例のように自由に話しましょう。

< 冬休み >

例） A：冬休みにどこへ行きましたか。

B：友達と京都へ旅行に行きました。

A：京都は寒かったですか。

B：いいえ、あまり寒くなかったです。

A：食べ物はどうでしたか。

B：おいしかったです。

A：ホテルはどうでしたか。

B：きれいでした。

：

【練習(れんしゅう) 3】　例(れい)のように話(はな)しましょう。

例(れい)）　A：キムチチゲはどんな料理(りょうり)ですか。

　　　　B：安(やす)くて、おいしい料理(りょうり)です。

例(れい)）	キムチチゲ／料理(りょうり)　（安(やす)い／おいしい）
1）	東京(とうきょう)／所(ところ)　（車(くるま)が多(おお)い／自然(しぜん)が少(すく)ない）
2）	ジョンさん／学生(がくせい)　（頭(あたま)がいい／明(あか)るい）
3）	山川(やまかわ)さん／人(ひと)　（まじめ／親切(しんせつ)）
4）	木下(きのした)さんの部屋(へや)／部屋(へや)　（静(しず)か／きれい）

【練習(れんしゅう) 4】　例(れい)のように話(はな)しましょう。

例(れい)）　A：デパートのレストランはどうですか。

　　　　B：高(たか)いですが、サービスがいいです。

例(れい)）	デパートのレストラン　（高(たか)い／サービスがいい）
1）	漢字(かんじ)の勉強(べんきょう)　（難(むずか)しい／おもしろい）
2）	新(あたら)しいアパート　（きれい／高(たか)い）
3）	大学生活(だいがくせいかつ)　（大変(たいへん)／楽(たの)しい）
4）	あの食堂(しょくどう)　（安(やす)い／おいしい／サービスがよくない）

【練習（れんしゅう）5】 例（れい）のように自由（じゆう）に話（はな）しましょう。

例（れい）） 大学生活（だいがくせいかつ）はどうですか。

－ 毎日忙（まいにちいそが）しいですが、楽（たの）しいです。

／ 毎日忙（まいにちいそが）しくて、大変（たいへん）です。

		わたし	＿＿＿さん	＿＿＿さん	＿＿＿さん
例（れい）	大学生活（だいがくせいかつ）				
1	会話（かいわ）のクラス				
2	先生（せんせい）				
3	友達（ともだち）				
4					

◆ 日本の観光地 ◆

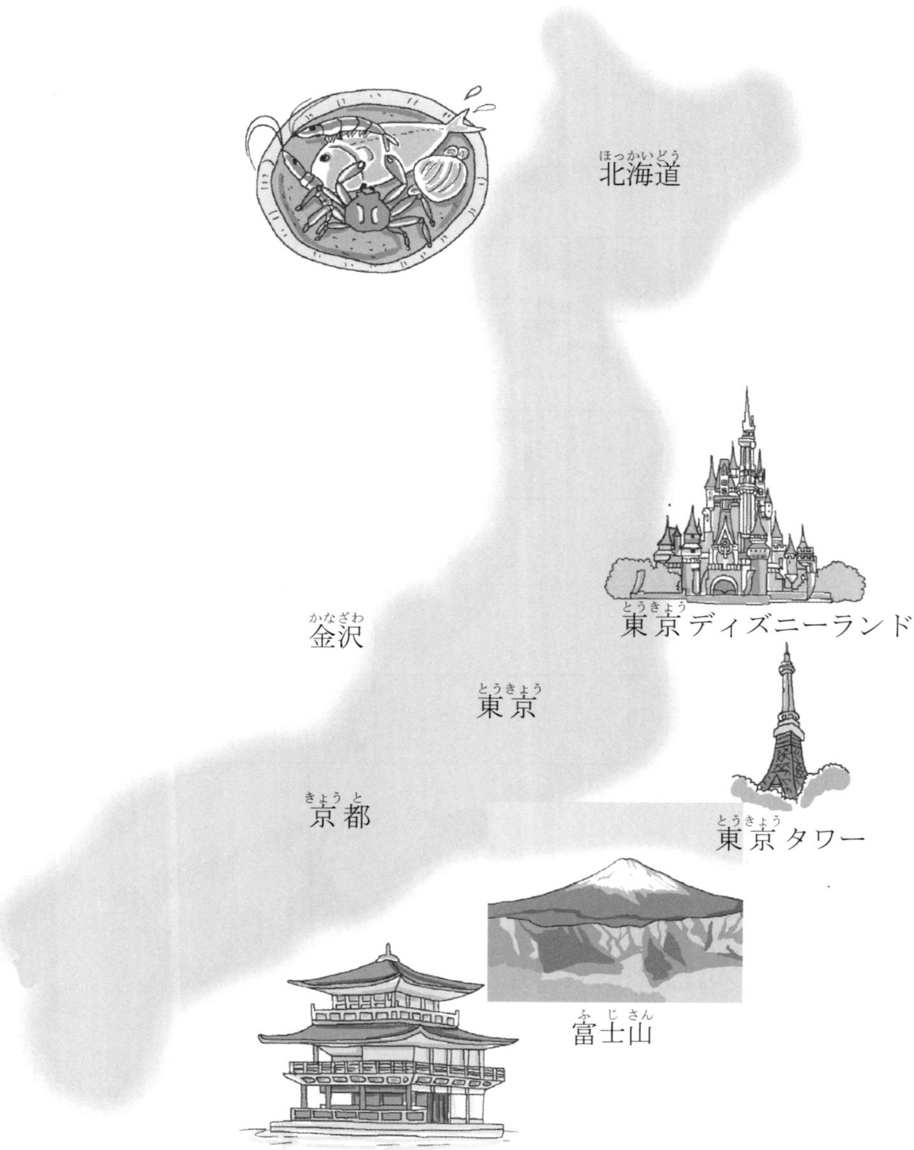

第７課　机の上に写真がありますね。

－キムさんの部屋で－

キム：さあ、どうぞ。

木下：キムさんの部屋、きれいですね。

キム：そうですか。でも、狭いですよ。

木下：あ、ベッドの下に何かいますね。

キム：はい、猫です。猫は好きですか。

木下：はい。とてもかわいいですね。あ、机の上に写真が

ありますね。

キム：これですか。去年、山で家族と撮りました。

木下：すてきなご家族ですね。

【練習 1】 例のように話しましょう。

例）A：大学の図書館はどうですか。

B：いいですよ。本や雑誌、新聞などがたくさん ありますよ

例）大学の図書館／本や雑誌、新聞など／たくさん

1）学生食堂／安くて、おいしい料理／いろいろ

2）ソウル英会話学院／いい先生／たくさん

3）COEX／おもしろい店／いろいろ

4）Bさんのサークル／いい先輩／たくさん

5）ソウル大公園／動物／たくさん

【練習 2】 例のように自由に話しましょう。

例）A：大学の学生会館に何がありますか。

B：郵便局や売店があります。

例）大学の学生会館

1）大学の本館

2）大学の前

3）Bさんの家の近く

4）ソウル駅

【練習3】 例のように話しましょう。

例）A：このかばん、忘れ物ですね。

B：そうですね。中に何かありますか。

A：はい、ノートがあります。／いいえ、何もありません。

例）かばん	／　中	（ノート）
1）ポーチ	／　中	（かぎ）
2）袋	／　中	（何も）
3）コート	／　ポケット	（定期入れ）
4）上着	／　ポケット	（何も）

【練習４】 例のように話しましょう。

例）＜パーティーの準備＞

Ａ：全部で何人来ますか。

Ｂ：15人 来ます。

例）全部で何人来ますか。	（15）
１）女の人は何人来ますか。	（７）
２）男の人は何人来ますか。	（８）
３）ケーキはいくつ買いましたか。	（２）
４）テーブルの上にコップはいくつありますか。	（９）
５）お皿は何枚ありますか。	（10）

第8課(だいか)　この近(ちか)くにファーストフードのお店(みせ)はありますか。

－日本(にほん)で－

パク　：すみません。この近(ちか)くにファーストフードのお店(みせ)は
　　　　ありますか。

日本人(にほんじん)：ええ。駅前(えきまえ)にありますよ。

パク　：どうもありがとうございました。

－ファーストフードの店(みせ)で－

店員(てんいん)　：いらっしゃいませ。

パク　：あの、ダブルバーガー１つと、コーラのＬサイズを
　　　　１つください。

店員(てんいん)　：450円(えん)です。

：

店員(てんいん)　：こちら、50円(えん)のおつりです。
　　　　ありがとうございました。

【練習 1】　絵を見て、例のように話しましょう。

例）　A：すみません。銀行はどこにありますか。

B：銀行ですか。銀行は花屋の前にありますよ。

A：どうもありがとうございました。

例）銀行	1）本屋	2）花屋
3）病院	4）郵便局	5）スーパー

【練習2】 メニューを見て、例のように自由に話しましょう。

● メニュー ●

ハンバーガー	100円	コーラ	S：100円
チーズバーガー	120円	アイスティー	M：180円
フィッシュバーガー	140円	アイスコーヒー	L：200円
ダブルバーガー	200円		
ハンバーガーセット	480円	アップルパイ	110円
チーズバーガーセット	500円	スイートポテトパイ	110円
フィッシュバーガーセット	520円	アイスクリーム	120円
ダブルバーガーセット	540円	サラダ	200円

例）店員：いらっしゃいませ。ご注文は。

客：ハンバーガーを1つと、アイスコーヒーのMを1つください。

店員：ハンバーガーを1つとアイスコーヒーのMを1つですね。

全部で280円です。

：

：

店員：20円のおつりです。ありがとうございました。

◆ 店（みせ） ◆

 デパート	 スーパー	 コンビニ
 本屋（ほんや）	 文房具屋（ぶんぼうぐや）	 靴屋（くつや）
 花屋（はなや）	 アイスクリーム屋（や）	 パン屋（や）
 八百屋（やおや）	 肉屋（にくや）	 薬屋（くすりや）（薬局（やっきょく））

第９課　お酒も飲みたいですね。

－大学で－

田中：キムさんの誕生日パーティー、どうしますか。

パク：あ、もう来週ですね。どこか大学の近くがいいですね。

田中：じゃ、大学の前のスパゲッティの店はどうですか。前は建物が古くてあまりきれいじゃなかったですが、最近、新しくなりましたよ。

パク：ああ、イタリア屋ですか。きのう、行きましたが、値段が高くなりましたよ。もう少し安い所がいいですよ。あ、お酒はどうしますか。

田中：ああ、お酒も飲みたいですね。

パク：じゃ、わたしの友達のお母さんの店がいいですよ。料理もお酒も安くて、おいしいですよ。

田中：じゃ、そうしましょう。

【練習１】　例のように自由に話しましょう。

例）　Ａ：Ｂさん、今晩、何が食べたいですか。

　　　Ｂ：トンカツが食べたいです。

例）	今晩、何を食べますか。
１）	今度の土日は何をしますか。
２）	夏休みにどこへ行きますか。
３）	日本で何をしますか。

【練習２】　例のように自由に話しましょう。

例）　Ａ：今、何かほしいものがありますか。

　　　Ｂ：はい、かばんがほしいです。

　　　Ａ：どんなかばんがほしいですか。

　　　Ｂ：軽くて、大きい かばんがほしいです。

例）	今
１）	誕生日
２）	バレンタインデー／ホワイトデー
３）	クリスマス

【練習３】　例のように話しましょう。

例）　A：もう７月ですね。

B：そうですね。暑くなりましたね。(暑い)

１）　A：銀行の隣のラーメン屋が＿＿＿＿＿＿なりましたね。(新しい)

B：そうですね。でも、値段が＿＿＿＿＿＿なりましたよ。(高い)

２）　A：太郎くん、＿＿＿＿＿＿なりましたね。　(大きい)

B：ええ。もう＿＿＿＿＿＿なりました。(中学生)

３）　A：部屋の掃除は終わりましたか。

B：はい、もう＿＿＿＿＿＿なりました。(きれい)

４）　A：あ、＿＿＿＿＿＿なりましたね。(３時)

B：そうですね。少し休憩しましょう。

【練習４】　例のように自由に話しましょう。

例）　前は魚が嫌いでしたが、今は好きになりました。

嫌い ／ 好き	苦手 ／ 得意

【練習(れんしゅう)５】　例(れい)のようにペアで自由(じゆう)に話(はな)しましょう。

例(れい)）　Ａ：子(こ)どものころ、何(なん)になりたかったですか。

　　　　Ｂ：サッカー選手(せんしゅ)になりたかったです。

　　　　Ａ：じゃ、今(いま)は、どうですか。

　　　　Ｂ：今(いま)は、アナウンサーになりたいです。

　　　　Ａ：どんなアナウンサーになりたいですか。

　　　　Ｂ：有名(ゆうめい)でおもしろいアナウンサーになりたいです。

◆　職業(しょくぎょう)　◆

サッカー選手(せんしゅ)

野球選手(やきゅうせんしゅ)

ガイド

教師(きょうし)

歌手(かしゅ)

アナウンサー

第10課(だいか)　日本(にほん)より高(たか)いですね。

ーインサドンでー

田中(たなか)：キムさんの誕生日(たんじょうび)プレゼント、何(なに)がいいですか。

パク：うーん。日本(にほん)の本(ほん)はどうですか。

木下(きのした)：いいですね。そうしましょう。

パク：じゃ、チョンノの本屋(ほんや)がいいですね。

ーチョンノの本屋(ほんや)でー

木下(きのした)：いろいろありますね。…日本(にほん)より高(たか)いですね。

パク：でも、10,000 ウォンから 20,000 ウォンぐらいの本(ほん)もありますよ。

田中(たなか)：あっ、村上春樹(むらかみはるき)の新(あたら)しい本(ほん)がありますよ。これはどうですか。12,000 ウォンですよ。

パク：値段(ねだん)もちょうどいいですね。それにしませんか。

木下(きのした)：そうしましょう。

【練習１】　例のように話しましょう。

例）　Ａ：プサンは暖かいですか。

　　　Ｂ：ええ、ソウルより暖かいですよ。

例）	プサン ／ 暖かい	（ソウル）
１）	韓国料理 ／ 辛い	（日本料理）
２）	焼酎 ／ 安い	（ビール）
３）	学生食堂 ／ おいしい	（　？　）
４）	英語 ／ 難しい	（　？　）

【練習２】　例のように話しましょう。

例）　Ａ：テンジャンチゲとキムチチゲとどちらが辛いですか。

　　　Ｂ：キムチチゲのほうが辛いです。

例）	テンジャンチゲ ／ キムチチゲ　＜辛い＞
１）	12月 ／ １月　＜寒い＞
２）	バス ／ 地下鉄　＜便利＞
３）	インチョン空港 ／ キンポ空港　＜近い＞
４）	コンビニのアルバイト ／ 家庭教師のアルバイト　＜大変＞

【練習3】 例のように自由に話しましょう。

例） A：ソウルでいちばんおいしい焼き肉屋はどこですか。

B：焼き肉ソウルです。

例） ソウル ／ おいしい焼き肉屋

1） 韓国 ／ きれいな所

2） ソウル ／ 日本人観光客が多い所

3） 大学の近く ／ 安くておいしい店

4） 韓国 ／ 好きな場所

【練習4】 例のように自由に話しましょう。

例） A：果物の中で何がいちばん好きですか。

B：パイナップルがいちばん好きです。

例）果物／何／好き

1）スポーツ ／ 何 ／ 得意

2）四季 ／ いつ ／ 好き

3）野菜 ／ 何 ／ 嫌い

4）日本の食べ物 ／ 何 ／ おいしい

5）大学の科目 ／ どの科目 ／ 難しい

6）このクラス ／ だれ ／ ？

◆ メニュー ◆

寿司（すし）

うどん

ざるそば

てんぷら

ラーメン

カレーライス

サンドイッチ

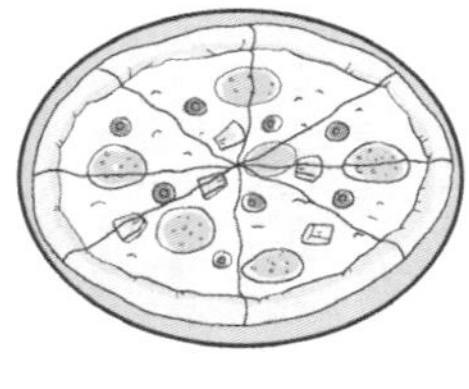

ピザ

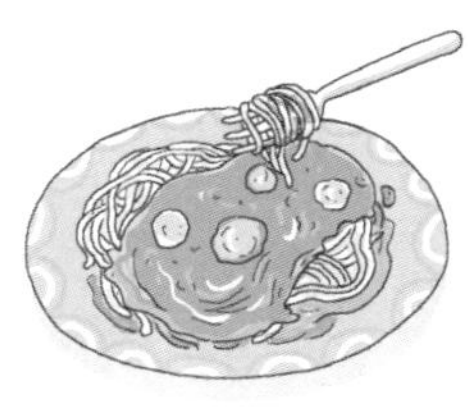

スパゲッティ

◆ 果物（くだもの） ◆

りんご　いちご　すいか　メロン　レモン

バナナ　パイナップル　みかん　なし　ぶどう　かき

◆ 野菜（やさい） ◆

にんじん　じゃがいも　ピーマン　たまねぎ　レタス　トマト　白菜（はくさい）

◆ スポーツ ◆

テニス

サッカー

野球（やきゅう）

水泳（すいえい）

バレーボール

バスケットボール

スキー

マラソン

◆ 四季（しき） ◆

春（はる）

夏（なつ）

秋（あき）

冬（ふゆ）

第11課　おせんべいを買って食べました。

―公園のベンチで―

田中：パクさん、それ、何の写真ですか。

パク：あ、これですか。日本旅行の写真です。見ますか。

田中：はい、たくさんありますね。

パク：ええ、いろいろな所へ行きましたよ。新宿で買い物をしてから秋葉原へ行って、それから浅草にも行きました。

田中：この写真、パクさんが何か食べていますね。

パク：はい、浅草でおせんべいを買って食べました。

田中：帽子をかぶっていますね。

パク：はい。この帽子は、新宿で買いました。今も大切に使っていますよ。

【練習１】 例のように自由に話しましょう。

例）A：きょう、授業が終わってから何をしますか。

B：授業が終わってから、遊びに行きます。

例）授業が終わります	1）家に帰ります	2）夜ごはんを食べます

例）A：きのう、大学に来てから何をしましたか。

B：大学に来てから、図書館で本を借りました。

例）大学に来ます	1）夜ごはんを食べます	2）家に帰ります

【練習２】　絵を見て、例のように話しましょう。

例）A：あれ？キムさんはどこに行きましたか。

B：キムさんですか。今、絵をかいていますよ。

例）キムさん	1）イさん	2）田中さん
	3）山下さん	4）犬

【練習(れんしゅう)3】　例(れい)のように自由(じゆう)に話(はな)しましょう。

例(れい)）A：Bさんは、自転車(じてんしゃ)を持(も)っていますか。

B：はい、持(も)っています。／　いいえ、持(も)っていません。

↓

A：どんな自転車(じてんしゃ)ですか。

B：黒(くろ)くて新(あたら)しい自転車(じてんしゃ)です。

		＿＿＿さん	＿＿＿さん	＿＿＿さん
例(れい)	自転車(じてんしゃ)／持(も)ちます			
1	アルバイト／します			
2	ソウル／住(す)みます			
3	英語(えいご)／習(なら)います			
4	先生(せんせい)の○○／知(し)ります			

第12課(だいじゅうにか)　アルバイトの給料日(きゅうりょうび)でしたから。

ー食堂(しょくどう)でー

木下(きのした)：おいしかったですね。

キム：はい。おなかがいっぱいになりました。

木下(きのした)：キムさん、きょうは、わたしが払(はら)いますよ。

キム：え、どうしてですか。

木下(きのした)：きのう、アルバイトの給料日(きゅうりょうび)でしたから。

キム：じゃ、次(つぎ)はわたしが払(はら)いますね。ごちそうさまでした。

木下(きのした)：いいえ。また食(た)べに来(き)ましょうね。

【練習1】 例のように自由に話しましょう。

例）A：Bさんの好きな食べ物は何ですか。

B：チョコレートです。

A：どうしてチョコレートが好きですか。

B：甘くておいしいですから。

	好きな○○	＿＿＿さん	＿＿＿さん
例	食べ物	(どうして：　　　)	(どうして：　　　)
1	飲み物	(どうして：　　　)	(どうして：　　　)
2	場所	(どうして：　　　)	(どうして：　　　)
3	動物	(どうして：　　　)	(どうして：　　　)
4	芸能人	(どうして：　　　)	(どうして：　　　)

【練習２】　例のように自由に話しましょう。

例）A：Bさんはたばこを吸いますか。

B：いいえ、のどが痛くなりますから、吸いません。

例）たばこを吸います

１）運動をします

２）お酒を飲みます

３）毎日、朝ごはんを食べます

４）料理をします

【練習3】 例のように自由に話しましょう。

例）A：朝ごはんを食べて、来ましたか。

B：いいえ、食べないで、来ました。 ／ はい、食べて、来ました。

↓

A：どうしてですか。

B：寝坊しましたから。

		＿＿＿＿さん	＿＿＿＿さん
例	朝ごはんを食べて、来ました。	（どうして： ）	（どうして： ）
1	きのう、お風呂に入って、寝ました。	（どうして： ）	（どうして： ）
2	コーヒーに砂糖を入れて、飲みます。	（どうして： ）	（どうして： ）
3	いつも電気を消して、寝ます。	（どうして： ）	（どうして： ）

第13課　キムさんは、日本へ行ったことがありますか。

－大学で－

田中：キムさんは、日本へ行ったことがありますか。

キム：はい、ありますよ。３年前に家族で旅行しました。

日本語がわかりませんでしたから、

ツアーで行きました。

田中：そうですか。どこへ行きましたか。

キム：箱根へ行って、温泉に入ったり、刺身を食べたり

しました。とてもよかったです。それから、東京

へも行きました。

【練習１】 例のように自由に話しましょう。

例） Ａ：土曜日はいつも何をしますか。

Ｂ：掃除をしたり、洗濯をしたりします。

> 例）土曜日はいつも何をしますか。
>
> １）先週の日曜日は何をしましたか。
>
> ２）きょう、授業が終わってから、何をしますか。
>
> ３）誕生日に何をしたいですか。
>
> ４）今度の夏休みは何をしたいですか。

【練習(れんしゅう)２】　例(れい)のように自由(じゆう)に話(はな)しましょう。

例(れい)）　Ａ：うなぎを食(た)べたことがありますか。

Ｂ：はい、ありますよ。

Ａ：どうでしたか。

Ｂ：やわらかくて、おいしかったですよ。

Ａ：そうですか。わたしは食(た)べたことがありません。

ぜひ、食(た)べたいです。

		わたし	＿＿＿さん	＿＿＿さん	＿＿＿さん
例(れい)	（うなぎ…）を食(た)べる				
1	（中国(ちゅうごく)、日本(にほん)…）へ行(い)く				
2	カラオケで日本(にほん)の歌(うた)を歌(うた)う				
3	ダイエットする				
4					

【練習(れんしゅう)３】　例(れい)のように自由(じゆう)に話(はな)しましょう。

例(れい)）　A：いつ上田(うえだ)さんに会(あ)いましたか。

　　　　B：一週間前(いっしゅうかんまえ)に、会(あ)いました。

> 例(れい)）いつ上田(うえだ)さんに会(あ)いましたか。
>
> １）いつ日本語(にほんご)の勉強(べんきょう)を始(はじ)めましたか。
>
> ２）いつ大学(だいがく)に入学(にゅうがく)しましたか。
>
> ３）いつ髪(かみ)を切(き)りましたか。
>
> ４）いつその○○（例(れい). その時計(とけい)、そのかばん…）を買(か)いましたか。

【練習(れんしゅう)４】　例(れい)のように自由(じゆう)に話(はな)しましょう。

例(れい)）　A：きょう、大学(だいがく)へ来(く)る前(まえ)に、何(なに)か食(た)べましたか。

　　　　B：はい、うちでごはんとキムチを食(た)べました。

> 例(れい)）きょう、大学(だいがく)へ来(く)る前(まえ)に、何(なに)か食(た)べましたか。
>
> １）きょう、うちへ帰(かえ)る前(まえ)に、どこか行(い)きますか。
>
> ２）いつも寝(ね)る前(まえ)に、シャワーを浴(あ)びますか。朝起(あさお)きてから、
> 　　シャワーを浴(あ)びますか。
>
> ３）大学(だいがく)に入(はい)る前(まえ)に、日本語(にほんご)の勉強(べんきょう)をしたことがありますか。

第14課　最近、ダイエットをしているんです。

－大学の廊下で－

井上先生：キムさん、きょうは元気がないですね。

キム　　：あ、そうですか。朝ごはんを食べなかったからだと思います。

井上先生：あら、どうしてですか。

キム　　：最近、ダイエットをしているんです。

井上先生：そうですか。でも、食事は１日３回、しっかり食べたほうがいいですよ。

キム　　：でも、やせたいんです。

井上先生：あまり無理をしないほうがいいと思いますよ。

【練習１】　例のように話しましょう。

例）　A：毎晩、帰りが遅いですね。

　　　B：ええ、仕事が忙しいんです。

例）毎晩、帰りが遅いです。	（仕事が忙しいです。）
１）新しいコートです。	（先週、デパートで買いました。）
２）最近、やせました。	（毎日運動をしています。）
３）大きいスーツケースです。	（海外旅行に行きます。）
４）英語の勉強をがんばっています。	（あした試験があります。）

【練習２】　例のように、日本語の勉強について自由に話しましょう。

＜日本語の勉強＞

例）　A：どうして日本語の勉強をしているんですか。

　　　B：日本で働きたいんです。

【練習３】　例のように、おいしい店について自由に話しましょう。

<おいしい店>

例）　A：いつも、どこでお昼ごはんを食べますか。 B：外大前食堂で食べます。 A：外大前食堂はどこにあるんですか。 B：大学の前にあります。キムチチゲがおいしいですよ。

【練習４】　例のように自由に話しましょう。

例）A：東京の物価についてどう思いますか。

B：電気製品が安いと思います。Aさんはどう思いますか。

A：わたしもそう思います。

例）東京の物価	
1）ソウルの物価	2）韓国の食べ物
3）日本の食べ物	4）日本語

【練習５】 例のように自由に話しましょう。

例）Ａ： Ｂさん、相談があるんですが、今いいですか。

Ｂ：はい。どうしたんですか。

Ａ：実は、英語を勉強しているんですが、上手にならないんです。

Ｂ：そうですか。困りましたね。英語で話す練習をたくさんしたほうがいいと思いますよ。

Ａ：そうですね。わかりました。

> 例）英語を勉強しているんですが、上手になりません。
>
> １）日本語が上手になりません。
>
> ２）ダイエットしているんですが、やせません。
>
> ３）日本へ留学したいんですが、お金がありません。

第(だい)15課(か)　田中(たなか)さんにもらったおみやげです。

－大学近(だいがくちか)くの喫茶店(きっさてん)で－

パク：田中(たなか)さん。こっちです。

田中(たなか)：あ、パクさん、こんにちは。

パク：久(ひさ)しぶりですね。

田中(たなか)：ほんとうに久(ひさ)しぶりですね。あ、そうそう、これ、
　　夏休(なつやす)みにタイへ行(い)ったときのおみやげです。どうぞ。

パク：あ、すみません。ありがとうございます。

－次(つぎ)の日(ひ)、大学(だいがく)で－

木下(きのした)：あ、それ、タイのキーホルダーですよね。

パク：ええ。田中(たなか)さんにもらったおみやげです。

木下(きのした)：やっぱり。わたしもそれ、
　　田中(たなか)さんにもらいました。

【練習１】　例のように話しましょう。

例）　Ａ：Ｂさん、すてきな時計ですね。

Ｂ：ありがとうございます。これは<u>イタリアで買った</u>時計です。

（イタリアで買いました）

１）Ａ：あしたはどこか行きますか。

Ｂ：はい、デパートに行きます。＿＿＿＿＿＿＿＿服を買いたいんです。

（友達の結婚式に着て行きます）

２）Ａ：Ｂさんのヘアースタイル、いいですね。

いつもどこで切っているんですか。

Ｂ：＿＿＿＿＿＿＿＿＿＿美容院です。

（カンナムにあります）

３）Ａ：あっ、新しい辞書、買ったんですか。

Ｂ：いいえ、これは＿＿＿＿＿＿＿＿＿辞書です。

（図書館で借りました）

４）Ａ：お昼、どうしましょうか。Ｂさんは何がいいですか。

Ｂ：わたしはお肉がいいです。

Ａ：じゃ、＿＿＿＿＿＿＿＿＿＿＿＿＿＿＿＿所はどうですか。

（この前、いっしょにプルコギを食べました）

Ｂ：あっ、いいですね。そうしましょう。

５）Ａ：＿＿＿＿＿＿＿＿＿＿＿＿＿＿＿＿日は、もう決まりましたか。

（日本へ出発します）

Ｂ：ええ、８月１１日に出発します。

【練習 2】 例のように自由に話しましょう。

① グループの人にインタビューしましょう。

例） わたし：ソンさんは、よく図書館で勉強しますか。

ソン　：いいえ、あまり図書館では勉強しません。家でします。

	質問	メモ
例	よく図書館で勉強しますか。	わたし　：ときどき キム さん：よく ソン さん：あまり パク さん：ときどき
1	家でよくゲームをしますか。	わたし　： ______さん： ______さん： ______さん：
2	お酒をよく飲みますか。	わたし　： ______さん： ______さん： ______さん：
3	日本へ行ったことがありますか。	わたし　： ______さん： ______さん： ______さん：
4		わたし　： ______さん： ______さん： ______さん：

② クラスの人に発表しましょう。

例） よく図書館で勉強する人は、キムさんです。

【練習３】　例のようにテーマについて自由に話しましょう。

テーマ１：「好きなタイプ・結婚したいタイプ」

例）　Ａ：どんな人が好きですか。

Ｂ：おもしろくて、やさしい人が好きです。

Ａ：じゃあ、どんな人と結婚したいですか。

Ｂ：まじめで、よく働く人と結婚したいです。

テーマ２：「将来の仕事」

例）　Ａ：将来、どんな仕事がしたいですか。

Ｂ：日本語を使う仕事がしたいです。

Ａ：どんな所で働きたいですか。

Ｂ：日本に事務所がある韓国の会社で働きたいです。

【練習４】　例のように自由に話しましょう。

例）　Ａ：わからないことばがあるとき、どうしますか。

Ｂ：友達に聞きます。

例）わからないことばがあります。	
１）かぜです。	２）宿題が大変です。
３）大学へ行きたくないです。	４）お金がありません。
５）失恋しました。	６）さびしいです。

【練習５】　例のように自由に話しましょう。

例）　去年の誕生日に何をもらいましたか。

　　―　カードをもらいました。

１）去年の誕生日に何をもらいましたか。

２）去年、お母さんの誕生日に何をあげましたか。

３）いつもクリスマスにプレゼントをもらいますか。

４）次のバレンタインデーに、好きな人に何をあげたいですか。

５）次のバレンタインデーに、好きな人に何をもらいたいですか。

【練習６】　友達の持ち物を見て、例のように自由に話しましょう。

例）　木下：キムさん、そのかばん、すてきですね。

　　キム：ありがとうございます。誕生日に友達がくれたんです。

（これはカンナムで買ったかばんです。）

◆ 日本(にほん)の祝日(しゅくじつ) ◆

1月1日	元日(がんじつ)
1月 第(だい)2月曜日(げつようび)	成人(せいじん)の日(ひ)
2月11日	建国記念(けんこくきねん)の日(ひ)
3月21日ごろ	春分(しゅんぶん)の日(ひ)
4月29日	昭和(しょうわ)の日(ひ)
5月3日	憲法記念日(けんぽうきねんび)
5月4日	みどりの日(ひ)
5月5日	こどもの日(ひ)
7月 第(だい)3月曜日(げつようび)	海(うみ)の日(ひ)
9月 第(だい)3月曜日(げつようび)	敬老(けいろう)の日(ひ)
9月23日ごろ	秋分(しゅうぶん)の日(ひ)
10月 第(だい)2月曜日(げつようび)	体育(たいいく)の日(ひ)
11月3日	文化(ぶんか)の日(ひ)
11月23日	勤労感謝(きんろうかんしゃ)の日(ひ)
12月23日	天皇誕生日(てんのうたんじょうび)

◆ 主(おも)な年中行事(ねんちゅうぎょうじ) ◆

1月1日～3日　正月(しょうがつ)
2月3日ごろ　節分(せつぶん)
2月14日　バレンタインデー
3月3日　ひな祭(まつ)り
5月 第(だい)2日曜日(にちようび)　母(はは)の日(ひ)
6月 第(だい)3日曜日(にちようび)　父(ちち)の日(ひ)
8月中旬(ちゅうじゅん)　お盆(ぼん)
11月15日ごろ　七五三(しちごさん)
12月25日　クリスマス
12月31日　大晦日(おおみそか)

第16課(だいか)　このテレビ、電源(でんげん)がつきませんね。

－大学(だいがく)の教室(きょうしつ)で－

キム：あれ、このテレビ、電源(でんげん)がつきませんね。

田中(たなか)：ほんとうですか。僕(ぼく)がつけてみます。

キム：…やっぱり、つきませんね。

田中(たなか)：これ、壊(こわ)れていますね。隣(となり)の教室(きょうしつ)のテレビを使(つか)いましょうか。

キム：隣(となり)の教室(きょうしつ)は、電気(でんき)がついていますから、授業中(じゅぎょうちゅう)じゃないですか。

田中(たなか)：じゃあ、３時(じ)に授業(じゅぎょう)が終(お)わると思(おも)いますから、少(すこ)し待(ま)ちましょう。

【練習1】 例のように話しましょう。

例）A：すみません。DVDが入らないんです。

B：ちょっと貸してください。

…入りましたよ。

A：ありがとうございます。

例）DVDが入りません。	
1）ライターがつきません。	2）ペットボトルのふたが開きません。
3）修正ペンが出ません。	4）カセットテープが止まりません。

【練習2】 絵を見て、例のように話しましょう。

― ホテルで ―

例）A：もしもし、フロントですか。

B：はい、そうですが。

A：テレビが壊れているんですが。

B：すみません。すぐ行きます。

【練習３】　例のように自由に話しましょう。

グループで、「日本でしてみたいこと」について話しましょう。

例）A：Bさんは、日本で何をしてみたいですか。

B：わたしは、有名な温泉に行ってみたいです。Cさんは何をしてみたいですか。

C：わたしは、お台場に行ってみたいです。・・・

【練習４】　絵を見て、例のように話しましょう。

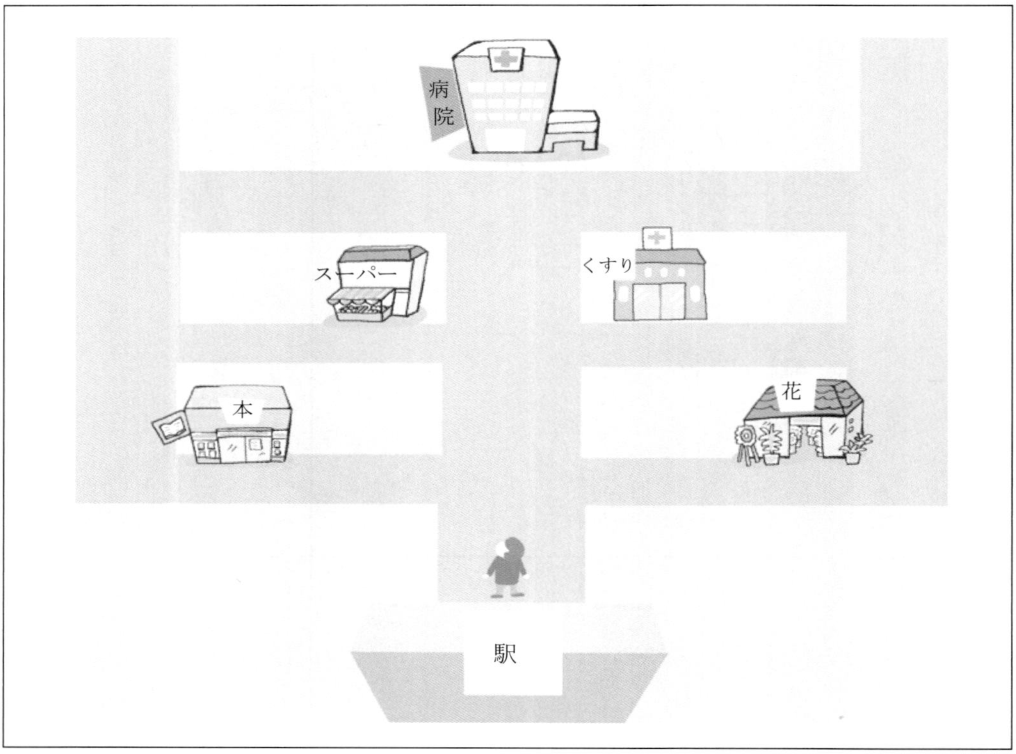

例）A：すみません。花屋はどこにありますか。

B：花屋ですか。まっすぐ行って、１つめの角を右に曲がると、左側にありますよ。

A：ありがとうございます。

例）花屋	１）本屋	２）薬局
	３）スーパー	４）病院

◆ 道案内(みちあんない)・道路(どうろ) ◆

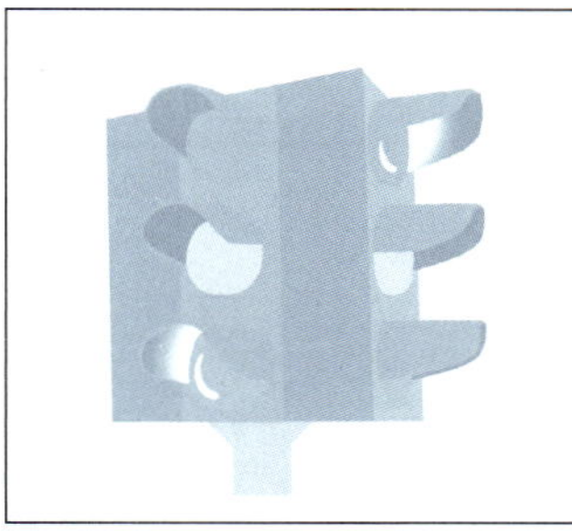

信号(しんごう)

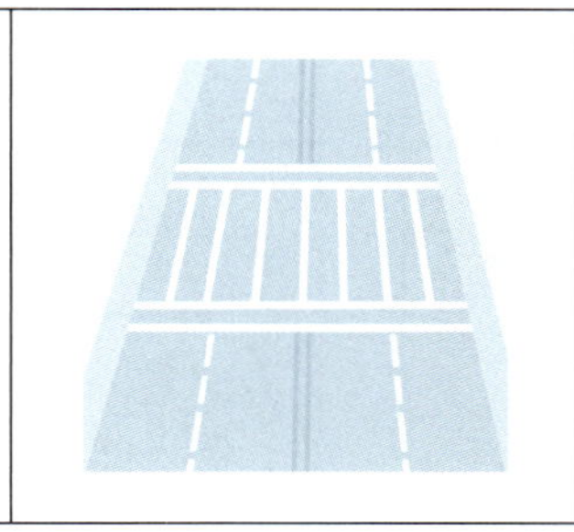

横断歩道(おうだんほどう)

歩道橋(ほどうきょう)

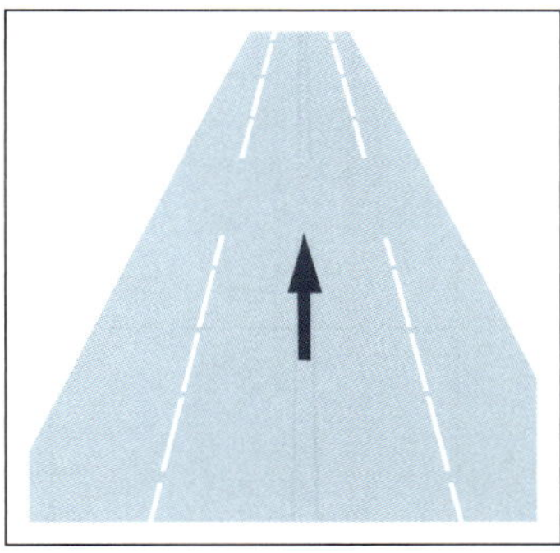

まっすぐ行(い)く

曲(ま)がる

渡(わた)る

角(かど)

交差点(こうさてん)

突(つ)き当(あ)たり

◆ 自動詞(じどうし)・他動詞(たどうし) ◆

自動詞(じどうし)	他動詞(たどうし)
 開(あ)く	 開(あ)ける
 閉(し)まる	 閉(し)める
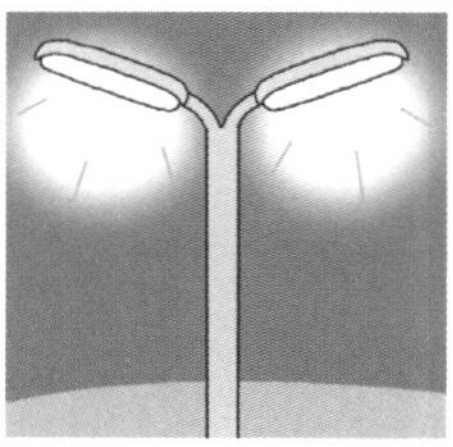 つく	 つける
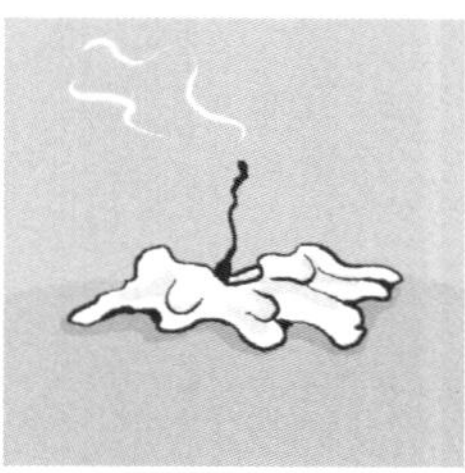 消(き)える	 消(け)す

自動詞(じどうし)	他動詞(たどうし)
 入(はい)る	 入(い)れる
 出(で)る	 出(だ)す
 落(お)ちる	 落(お)とす
 止(と)まる	 止(と)める

第17課　授業を休んでもいいでしょうか。

－休み時間に教室で－

キム　　：井上先生、今ちょっとよろしいですか。

井上先生：ええ、いいですよ。

キム　　：あのう、来週なんですが、授業を休んでも

いいでしょうか。

井上先生：来週ですか。

キム　　：はい。来週の授業の時間に、交換留学の試験が

あるので、受けたいんです。

井上先生：そうですか。わかりました。

キム　　：ほんとうにすみません。

井上先生：じゃ、留学試験、がんばってください。

キム　　：ありがとうございます。

井上先生(いのうえせんせい)：あ、でも、来週(らいしゅう)は小(しょう)テストがありますから、

キムさんも後(あと)で小(しょう)テストは受(う)けなければ

いけませんよ。

キム　　：はい、わかりました。ありがとうございました。

【練習 1】 例のように話しましょう。

例） A：すみません。この辞書、借りてもいいですか。

B：ええ、いいですよ。どうぞ。

／ すみません。今ちょっと…。

例）この辞書を借りる	
1）このコンピューターを使う	2）この雑誌を見る
3）窓を開ける	4）お手洗いを借りる

【練習 2】 例のように話しましょう。

例） A：Bさん、今ちょっといいですか。

B：ええ。

A：あした、いっしょにサッカーを見に行きませんか。

B：あしたですか。…すみません。あしたはアルバイトに行かなければならないんです。

例） あした ／ サッカーを見に行く（アルバイトに行く）

1） 今度の土曜日 ／ 映画を見に行く（試験の勉強をする）

2） 来週の月曜日 ／ お昼を食べる（先輩といっしょに食べる）

3） あさって ／ 図書館で勉強する（病院に行く）

4） 今晩 ／ お酒を飲みに行く（早く家に帰る）

【練習３】　例のように話しましょう。

例）　Ａ：今度、日本へ旅行に行くんですが、ホテルを予約したほうがいいですか。

Ｂ：ええ、予約したほうがいいと思いますよ。

／　いいえ、予約しなくてもいいと思いますよ。

例）今度、日本へ旅行に行きます。／ ホテルを予約します。
１）冬休みにプサンへ行きます。／ ダウンジャケットを着て行きます。
２）来週、この授業に５分ぐらい遅刻します。／ 先生に言います。
３）コンピューターを使い終わりました。／ 電源を切ります。
４）しばらく留守にします。／ アパートの大家さんに連絡します。

【練習４】　例のように自由に話しましょう。

例）先生：○○さん、先週どうして休んだんですか。

学生：すみません。熱があったので。

例）先週 ／ 休む	
１）けさ／遅刻する	２）先週／課題を出さない
３）授業中／携帯を使っている	４）授業中／寝ている

第18課　通訳になりたいと思ってるんだ。

－喫茶店で－

田中：木下さん、来年どうするか、もう決めた？

木下：ううん、まだ決めてない。田中くんは？

田中：僕は、もう１年、韓国で勉強しようと思ってるんだ。

木下：そうなんだ。わたしはどうしようかな。

田中：何かやりたいことはないの？

木下：うーん、実は、通訳になりたいと思ってるんだ。でも、難しいよね。

田中：そうかな。木下さんは韓国語が上手だから、あきらめないでがんばったほうがいいよ。

木下：うん…。がんばってみるね。

【練習１】 例のように話しましょう。

例）A：今週の日曜日、何をしますか。

B：山登りをしようと思っています。

例）山登りをする	１）友達と遊ぶ	２）本を読む
３）部屋を片づける	４）美術館へ行く	５）レポートを書く

【練習２】 例のように自由に話しましょう。

例）A：もう山へ紅葉を見に行きましたか。

B：はい、もう行きました。　／　いいえ、まだ行っていません。

↓

A：どこへ行きましたか。

（いつ行きましたか。）

：

：

例）山へ紅葉を見に行く	１）中間テストの勉強をする
２）冬休みの計画を立てる	３）卒業後の計画を立てる

【練習 3】 例のように普通体で自由に話しましょう。

例）A：Bさん、きのうの夜、何(を)食べた？

B：きのうは、サムギョプサル(を)食べた(よ)。

例）きのうの夜、何を食べましたか。

1）きょう何時に大学へ来ましたか。

2）Bさんの家は大学から近いですか。

3）甘い食べ物は好きですか。

4）Bさんは何年生ですか。

5）好きな歌手はだれですか。

【練習４】　例のように普通体で話しましょう。

例）Ａ：どうして遅刻したの？

　　Ｂ：バスが遅れたんだ。

例）遅刻しました。　（バスが遅れました。）

１）薬を飲んでいます。　（かぜをひきました。）

２）ごはんを食べません。　（食欲がありません。）

３）最近、授業を休んでいます。　（アルバイトを始めました。）

４）きのうの飲み会に来ませんでした。　（ほかの約束がありました。）

【練習５】 例のように普通体で自由に話しましょう。

例）＜アルバイトについて話す＞

A：今、アルバイトして(い)る？

B：うん。して(い)るよ。

A：何のアルバイト？

B：家庭教師。時々、通訳のアルバイトもして(い)るよ。

Aさんは？　・・・

例）＜アルバイトについて話す＞

A：今、アルバイトして(い)る？…

1）＜週末の過ごし方について話す＞

A：週末、いつも何して(い)る？…

2）＜好きな芸能人について話す＞

A：好きな芸能人、いる？…

3）＜日本人の友達について話す＞

A：日本人の友達、いる？…

《参考》　普通体の会話例

ゆうこ：たかしくん、お昼ご飯食べた？

たかし：ううん、まだ。何か食べに行く？

ゆうこ：うん。行こう。何がいい？

たかし：キムチチゲはどう？最近食べてないから。

ゆうこ：いいよ。わたしも食べたい。この近くにキムチチゲのお店ある？

たかし：この道をまっすぐ行った所にあるよ。

ゆうこ：じゃあ、そこに行こう。おなかすいた。

第19課　日本に行ったら、メール書きますよ。

－大学で－

田中：あ、キムさん。久しぶりですね。最近、大学で見かけなかったから、心配していたんですよ。

キム：すみません。先週、交換留学の試験があったんです。ずっと試験の勉強をしていたから、忙しかったんです。

田中：そうだったんですか。合格するといいですね。

キム：あ、実は、きょう、合格の連絡をもらったんです。

田中：え、合格したんですか。おめでとうございます。

キム：ありがとうございます。

田中：じゃ、来年はキムさん、日本に行ってしまうんですね。さびしくなりますね。

キム：でも、日本に行ったら、メール書きますよ。

【練習１】 例のように話しましょう。

例） Ａ：あのう、すみません。Ｂさんに借りた傘をなくしてしまったんです。ほんとうにすみません。新しいのを買って返しますので。

Ｂ：あ、いいですよ。大丈夫ですから。

例） 傘をなくしました。／新しいのを買って返します。

１） デジタルカメラを壊しました。／修理代を出します。

２） 上着にコーヒーをこぼしました。／クリーニング代を払います。

３） 教科書を家に忘れました。／今からすぐ、家に帰って、取って来ます。

４） プリントを間違えて捨てました。／だれかに借りてコピーします。

【練習２】 例のように話しましょう。

例） Ａ：どうしてきのう、来なかったの。

Ｂ：ごめん。熱が出ちゃったんだ。

例） きのう、来ませんでした。／熱が出ました。

１） １時間も遅れました。／寝坊しました。

２） 最近、メールをくれません。／パソコンが壊れました。

３） お酒を飲みません。／さっき、薬を飲みました。

【練習３】　例のように話しましょう。

例）　Ａ：Ｂさん、あしたの午後、時間があったら、いっしょに映画を見に行きませんか。

　　　Ｂ：ええ、行きましょう。

例）あしたの午後、時間がある／映画を見に行く
１）テストが早く終わる／昼ごはんを食べる
２）日曜日、天気がいい／山登りに行く
３）土曜日、雨だ／図書館で勉強する
４）冬休み、暇だ／日本へ旅行に行く

【練習４】　例のように自由に話しましょう。

例）　Ａ：Ｂさん、道でお金を拾ったら、どうしますか。

　　　Ｂ：警察に届けます。

例）道でお金を拾いました。
１）期末テストの日に熱が38度あります。
２）恋人が約束した時間に来ません。
３）好きな人ができました。

【練習５】 例のように自由に話しましょう。

例）　Ａ：Ｂさん、Ｂさんは大学を卒業したら、何をしたいですか。

　　　Ｂ：そうですね。大学院に行きたいです。

　　　　　（大学院に行こうと思っています。）

		わたし	＿＿＿さん	＿＿＿さん	＿＿＿さん
例	大学を卒業する				
1	結婚する				
2	30歳になる				
3	子どもが生まれる				
4	年を取る				

第20課　交換留学の試験に合格したそうだよ。

－帰りの電車で－

田中：キムさん、交換留学の試験に合格したそうだよ。

木下：そうなんだ。よかったね。日本に行くために
　　　がんばってたからね。

田中：うん…。

木下：なんか、元気ないね。どうしたの。

田中：いやあ、ちょっと心配で。

木下：大丈夫だよ。キムさん、日本語上手だから、
　　　すぐ友達作れると思うよ。

田中：そうだね。

【練習１】　例のように話しましょう。

例）A：子どものとき、何を習っていましたか。

B：剣道を習っていました。

A：じゃあ、剣道ができるんですね。

B：はい。でも、そんなに上手じゃないですよ。

例）剣道	1）英語	2）テコンドー	3）ピアノ

【練習２】　例のように自由に話しましょう。

例）A：Bさん、料理は得意ですか。

B：料理ですか。得意じゃないですが、好きですよ。

A：どんな料理が作れますか。

B：キムチチゲが作れます。

例）料理　／　作る	1）歌　／　歌う
2）外国語　／　話す	3）スポーツ　／　する

【練習（れんしゅう）3】　例（れい）のように話（はな）しましょう。

例（れい））A：韓国（かんこく）では、何歳（なんさい）になったら、<u>たばこを吸（す）う</u>ことができますか。

B：<u>20歳（はたち）になったら、吸（す）う</u>ことができますよ。

例（れい））たばこを吸（す）います。	1）お酒（さけ）を飲（の）みます。
2）結婚（けっこん）します。	3）運転（うんてん）します。

【練習（れんしゅう）4】　自由（じゆう）にインタビューをしてから、例（れい）のように話（はな）しましょう。

インタビュー例（れい））A：Bさんは、<u>日本料理（にほんりょうり）の中（なか）で、何（なに）が一番（いちばん）好（す）きですか</u>。

B：わたしは、<u>お寿司（すし）が一番（いちばん）好（す）き</u>です。

↓

例（れい））○○さんは、<u>日本料理（にほんりょうり）の中（なか）で、お寿司（すし）が一番（いちばん）好（す）きだ</u>そうです。

		＿＿＿さん	＿＿＿さん
例	日本料理の中で、何が一番好きですか。		
1	冬休みは何をする予定ですか。		
2	どこの国に行ってみたいですか。		
3	何語を勉強してみたいですか。		
4			

【練習 5】 例のように自由に話しましょう。

例）A：Bさんは、中国語の勉強もしているそうですね。

B：はい。いい会社に入るために勉強しているんです。

例）中国語も勉強しています。

1）毎日、運動をしています。

2）最近、アルバイトを始めました。

3）来年、休学します。

第21課　田中さんの顔を見れば、わかりますよ。

－大学近くの喫茶店で－

パク：田中さん、最近、元気がないですね。どうしたんですか。

田中：…悩んでいることがあるんです。あのう、実は僕、キムさんのことが好きなんです。

パク：あ、やっぱり。

田中：え。

パク：キムさんといるときの田中さんの顔を見れば、わかりますよ。

田中：知ってたんですか。でも、キムさん、来年は日本に行ってしまうし、どうすればいいか、わからないんです。

【練習１】　例のように話しましょう。

例）（宿題が終わる）

Ａ：きょうのサークルの集まり、どうしますか。

Ｂ：宿題が終わればば行きますが、宿題が終わらなければ行きません。

１）（時間がある）

Ａ：誕生日パーティーのケーキはどうしましょうか。

Ｂ：＿＿＿＿＿＿＿＿ばわたしが作りますが、＿＿＿＿＿＿＿＿ば
どこかで買いましょう。

２）（あさってテストがない）

Ａ：あしたの飲み会、行きますか。

Ｂ：＿＿＿＿＿＿＿＿ば行きますが、＿＿＿＿＿＿＿＿ば行きません。

３）（天気がいい）

Ａ：あしたはサッカーの練習、ありますか。

Ｂ：＿＿＿＿＿＿＿＿ばありますが、＿＿＿＿＿＿＿＿ばありません。

４）（宿題が多い）

Ａ：あしたは家にいますか。

Ｂ：＿＿＿＿＿＿＿＿ば家にいますが、＿＿＿＿＿＿＿＿ば出かけます。

５）（雨だ）

Ａ：今度の土日はどうしますか。

Ｂ：＿＿＿＿＿＿＿＿ならうちで勉強しますが、＿＿＿＿＿＿＿＿ば
友達とピクニックに行きます。

【練習2】 例のように自由にアドバイスしましょう。

例） Ａ：どうすれば、日本語の通訳になれますか。

Ｂ：毎日、一生懸命日本語を勉強すれば、なれると思いますよ。

例）日本語の通訳になりたいんです。

１）いい会社に入りたいんです。

２）日本語会話の授業でＡ（＝いい成績）をとりたいんです。

【練習3】 例のように話しましょう。

例） Ａ：最近、運動をしていますか。

Ｂ：いいえ、していません。

時間もないですし、かぜもひいていますから。

例）	Ａ	運動をする	Ｂ	時間がない・かぜをひいている
１）	Ａ	料理をする	Ｂ	面倒だ・料理が好きじゃない
２）	Ａ	映画を見に行く	Ｂ	忙しい・おもしろい映画がない
３）	Ａ	友達と遊ぶ	Ｂ	試験期間だ・友達も忙しい

【練習４】　例のように自由に話しましょう。

例）　Ａ：大学の近くでどこかいい食堂を知りませんか。

Ｂ：そうですね。レストランＨＵＦＳはどうですか。

大学から近いし、安くておいしいし、いいと思いますよ。

例）大学の近くでどこかいい食堂を知りませんか。

１）英会話を勉強したいんですが、どこかいい学校を知りませんか。

２）日本人の友達を案内したいんですが、ソウルでおすすめの場所を知りませんか。

３）今、アルバイトを探しているんですが、何かいいアルバイトを知りませんか。

４）サークルに入りたいんですが、どこがいいでしょうか。

第(だい)22課(か)　書類(しょるい)を家(いえ)まで取(と)りに来(き)てもらえませんか。

－朝(あさ)、電話(でんわ)で－

木下(きのした)：もしもし、キムさん。

キム：もしもし、木下(きのした)さん？どうしたんですか。

木下(きのした)：熱(ねつ)があって、きょう大学(だいがく)に行(い)けないんです。

キム：え、大丈夫(だいじょうぶ)ですか。

木下(きのした)：ええ、薬(くすり)はあるので。ただ、実(じつ)は、きょうまでに大学(だいがく)に出(だ)さなきゃいけない書類(しょるい)があるんです。もし忙(いそが)しくなかったら、大学(だいがく)へ行(い)く前(まえ)に、書類(しょるい)を家(いえ)まで取(と)りに来(き)てもらえませんか。

キム：わかりました。すぐ行(い)きます。

木下(きのした)：いつもいろいろありがとうございます。

キム：いいえ。わたしもいつも木下(きのした)さんに助(たす)けてもらっていますから。

【練習1】 例のように話しましょう。

例）A：重そうですね。半分持ちましょうか。

B：すみません。お願いします。

例）重い	／ 半分持つ	1）眠い	／ コーヒーを入れる
2）寒い	／ 窓を閉める	3）忙しい	／ 何か手伝う

【練習2】 例のように話しましょう。

例）A：Bさん、コップ、コップ！

B：え、コップですか。

A：はい。コップが落ちそうですよ。

B：あ、気がつきませんでした。ありがとうございます。

例）コップ	／ 落ちる		
1）袋	／ 破れる	2）ひも	／ 切れる
3）ボタン	／ とれる	4）いす	／ 壊れる

【練習 3】 例のように話しましょう。

例）山田：イさん、郵便局の場所、わかりましたか。

イ　：はい。キムさんにいっしょに行ってもらいました。

山田：そうですか。よかったですね。

例）郵便局の場所／わかる（いっしょに行く）

1）日本人の友達／できる（紹介する）　2）部屋／決まる（いっしょに探す）

3）仕事／終わる（手伝う）　4）事務室の電話番号／わかる（教える）

【練習 4】 例のように話しましょう。

例）A：あの、すみませんが、窓を開けてもらえませんか。

B：暑いですか。

A：ええ、すみません。

例）窓を開けます／暑い

1）暖房をつけます／寒い　2）この漢字の読み方を教えます／これ

3）辞書を貸します／今　4）荷物をいっしょに運びます／これ

【練 習 5】　例のように自由に話しましょう。

＜ 友達 ＞

例）

A：B さんの友達は、どんな人ですか。

B：明るくて、やさしい人です。宿題がわからないとき、教えてくれます。

それから、わたしが悩んでいるとき、いつも相談にのってくれます。

A：そうですか。いい友達ですね。

第(だい)23課(か)　寝坊(ねぼう)して、寮(りょう)に置(お)いて来(き)ちゃった。

―バス停(てい)で―

木下(きのした)：田中(たなか)くん、おはよう。

田中(たなか)：あ、おはよう。

木下(きのした)：わたしが貸(か)した授業(じゅぎょう)のプリント、持(も)って来(き)てくれた？

田中(たなか)：あっ。ごめん、ごめん。コピーしたんだけど、

寝坊(ねぼう)して、寮(りょう)に置(お)いて来(き)ちゃった。

木下(きのした)：えっ。

田中(たなか)：ほんとうにごめん。あした、必(かなら)ず返(かえ)すよ。

木下(きのした)：…。

田中(たなか)：じゃ、きょうの昼(ひる)ごはん、僕(ぼく)がおごるから。

木下(きのした)：わかった。ごちそうさま。

田中(たなか)：あれ、もう８時(じ)10分(ぷん)だ。バス、来(こ)ないね。

木下(きのした)：あ、ほんとう。道(みち)が込(こ)んでるみたいだね。

【練習１】 例のように話しましょう。

例） Ａ：最近、朝起きられなくて、困って(い)るんだ。

Ｂ：目覚まし時計を２つセットして寝てみたら、どう？

Ａ：そうだね。そうしてみるよ。

例） Ａ 最近、朝起きられません。

Ｂ 目覚まし時計を２つセットして寝ます。

１） Ａ 隣の部屋がうるさいです。

Ｂ アパートの大家さんに話します。

２） Ａ 探している本が図書館にありません。

Ｂ 先生に聞きます。

３） Ａ 先輩がお金を返してくれません。

Ｂ ほかの先輩に相談します。

４） Ａ ？

Ｂ ？

【練習２】　例のように話しましょう。

例）　A：その電子辞書、いい？

B：うん。高いけど、いいよ。

例）　その電子辞書、いい？（高いです）

１）　あのスーパー、安い？（野菜が新鮮じゃないです）

２）　旅行、楽しかった？（天気が悪かったです）

３）　大学生活、楽しい？（　　？　　）

【練習３】　例のように自由に話しましょう。

「○○へ行ったこと(が)ある？」

例）　A：Bさんは日本へ行ったこと(が)ある？

B：うん、あるよ。去年の冬に、北海道へ行った。

A：北海道はどうだった？

B：ちょっと寒かったけど、食べ物がおいしくて、

よかったよ。

：

【練習４】 例のように自由に話しましょう。

例）学生：遅れて、すみません。

先生：あ、〇〇さん。どうしたんですか。

学生：いつもの時間に家を出たんですけど、バスがなかなか来なくて、遅くなってしまったんです。

先生：そうだったんですか。

学生：ほんとうにすみませんでした。

例）　いつもの時間に家を出ました。

１）　朝６時に起きました。　　２）　朝早く家を出ました。

【練習５】 例のように話しましょう。

例）　Ａ：玄関の方で声がしますね。

Ｂ：だれか来たみたいですね。

例）玄関の方で声がしますね。　（だれか来ました。）

１）あの店、いつも人が並んでいますね。　（おいしいです。）

２）部屋の電気がついていませんね。　（留守です。）

３）教室の電気が消えていますね。　（授業が終わりました。）

４）森さんはきょうもカラオケに行くと言っていましたよ。　（カラオケが好きです。）

第24課　田中くんに告白されたんです。

－キムさんの家で－

木下：キムさん、相談って何ですか。

キム：あの、実はこの間、田中くんに告白されたんです。

木下：え！ほんとうですか。それで、キムさんは何て答えたんですか。

キム：びっくりして、「ありがとうございます」って答えてしまいました。

木下：あ、そうなんですか。田中くん、キムさんが日本へ行く前に、気持ちを伝えたかったんですね。

キム：日本の男の人に、初めて好きだって言われたので、悩んでいます。

木下：そうですよね。遠距離恋愛になりますしね。

【練習１】 例のように自由に話しましょう。

例）A：Bさん、今まで、先生に叱られたことがありますか。

B：はい、あります。小学生のとき、教室でお菓子を食べて、叱られました。

例）先生／叱る	（どうして？）
1）両親／ほめる	（どうして？）
2）友達／結婚式に招待する	（いつ？）
3）男の子（女の子）／告白する	（いつ？）

【練習2】 例のように話しましょう。

例）A：Bさん、どうしたんですか。元気がないですね。

B：きのう、電車でお金をとられたんです。

A：ほんとうですか。それはショックですね。

例）電車で／お金／とる

1）図書館で／かばん／ぬすむ

2）美容院で／髪／短く切る

3）妹に／カメラ／壊す

4）母に／ゲーム／捨てる

【練習 3】 例のように話しましょう。

例）A：Bさん、ソウルオリンピックがいつ開かれたか、覚えていますか。

B：はっきり覚えていませんが、確か、1988年だったと思いますよ。

A：わかりました。ありがとうございました。

例）ソウルオリンピック　／　開く　（1988年）

1）63 ビル　／　建てる　（1985年）

2）ハングル文字　／　作る　（1446年）

3）去年の日本語能力試験　／　行う　（____月____日）

第(だい)25課(か)　先生(せんせい)はお酒(さけ)を召(め)しあがりますか。

－授業後(じゅぎょうご)、教室(きょうしつ)で－

キム　　：井上先生(いのうえせんせい)、今(いま)、ちょっとよろしいですか。

井上先生(いのうえせんせい)：ええ。

キム　　：実(じつ)は、来週(らいしゅう)の水曜日(すいようび)の６時(じ)から、わたしの送別会(そうべつかい)
があるんです。もし、お時間(じかん)がありましたら、
先生(せんせい)に来(き)ていただきたいんですが。

井上先生(いのうえせんせい)：来週(らいしゅう)の水曜日(すいようび)ですか。いいですよ。

キム　　：ありがとうございます。あのう、失礼(しつれい)ですが、
先生(せんせい)はお酒(さけ)を召(め)しあがりますか。

井上先生(いのうえせんせい)：ええ、飲(の)みますよ。キムさんはよく飲(の)むんですか。

キム　　：はい。あ、いいえ、ときどきです。

井上先生(いのうえせんせい)：じゃあ、お酒(さけ)を飲(の)みながら、いろいろ
話(はな)しましょう。

キム　　：はい。

【練習１】　例のように話しましょう。

例）　客　：サインはどこにするんですか。

　　　店員：どうぞ、こちらにお書きください。

例）　客　：サインはどこにするんですか。

　　　店員：（ここに書く）

１）　客　　　　：髪を短くしたいんですが。

　　　美容院の人：カットですね。（ここで待つ）

２）　看護師：青木一郎様。

　　　患者　：はい。

　　　看護師：（ここに入る）

３）　旅行会社の人：いらっしゃいませ。

　　　客　　　　　：来月、ヨーロッパに行きたいんですが。

　　　旅行会社の人：（ここに座る）

【練習（れんしゅう）2】 例（れい）のように＿＿にことばを入（い）れて、話（はな）しましょう。

例（れい））　学生（がくせい）：先生（せんせい）はよく韓国料理（かんこくりょうり）を<u>召（め）しあがります</u>か。（食（た）べます）

　　　先生（せんせい）：ええ、食（た）べますよ。

1）　学生（がくせい）：先生（せんせい）、あした何時（なんじ）ごろ大学（だいがく）へ＿＿＿＿＿＿＿＿か。（来（き）ます）

　　　先生（せんせい）：9時（じ）ごろ来（き）ます。

2）　レストランの人（ひと）：おたばこを＿＿＿＿＿＿＿＿か。（吸（す）います）

　　　客（きゃく）：いいえ、吸（す）いません。

3）　客室乗務員（きゃくしつじょうむいん）：お客様（きゃくさま）、コーヒーを＿＿＿＿＿＿か。（飲（の）みます）

　　　乗客（じょうきゃく）：はい。

4）　秘書（ひしょ）：社長（しゃちょう）、新聞（しんぶん）を＿＿＿＿＿＿＿＿か。（読（よ）みます）

　　　社長（しゃちょう）：ああ、ありがとう。

5）　部長（ぶちょう）：社長（しゃちょう）はきょうのパーティーの会場（かいじょう）を＿＿＿＿＿＿＿か。

　　　社長秘書（しゃちょうひしょ）：はい。　（知（し）っています）

【練習３】　例のように、学生役と先生役で自由に話しましょう。

例）　学生役：先生はどちらに住んでいらっしゃいますか。

　　　先生役：イムンドンに住んでいます。

学生	先生
例）どこに住んでいますか。	
１）どこで生まれましたか。	
２）兄弟はいますか。	
３）よく＿＿＿＿＿＿を食べますか。 （例．日本料理）	
４）大学までどうやって来ますか。	
５）今度の休みはどうしますか。	
６）	

第26課(だいか)　わたしが大阪(おおさか)をご案内(あんない)します。

―送別会(そうべつかい)で―

井上先生(いのうえせんせい)：キムさんが留学(りゅうがく)する明山大学(めいざんだいがく)は大阪(おおさか)にあるんですよね。

キム　　：はい。先生(せんせい)は大阪(おおさか)にいらっしゃったことがありますか。

井上先生(いのうえせんせい)：いいえ。わたしは東京出身(とうきょうしゅっしん)で、大阪(おおさか)には一度(いちど)も行(い)ったことがないんですよ。

キム　　：そうですか。ぜひ遊(あそ)びにいらっしゃってください。わたしが大阪(おおさか)をご案内(あんない)します。

井上先生(いのうえせんせい)：ありがとう。楽(たの)しみです。時間(じかん)があるときに遊(あそ)びに行(い)きますね。

【練習１】　例のように＿＿にことばを入れて話しましょう。

例）課長：お客さんが来たから、お茶、お願い。

事務員：はい。すぐにお入れします。

（入れます）

1）客：すみません。15日の東京行きの飛行機を予約したいんですが。

旅行会社の人：ただ今、＿＿＿＿＿＿＿＿ので、少々お待ちください。

（調べます）

2）客：この間注文した商品、どうなっていますか。

店員：ご注文を受けした後、すぐにお宅へ＿＿＿＿＿＿＿＿が。

（送りました）

3）A社の社員：資料の１番の意味がわからないんですが。

B社の社員：すみません。ただ今＿＿＿＿＿＿＿＿。

（説明します）

4）店員：いらっしゃいませ。何名様ですか。

客：５人です。

店員：すぐにお席を＿＿＿＿＿＿＿＿ので、こちらでお待ちください。

（用意します）

5）先生：あとで、先週の課題を研究室に取りに来てください。

学生：はい、この授業の後、すぐに＿＿＿＿＿＿＿＿。

（行きます）

【練習２】 例のように話しましょう。

例）A：忙しそうですね。何か、お手伝いしましょうか。

B：すみません。お願いします。

例）忙しい　／　何か、手伝う

1）かばん、重い　／　持つ

2）寒い　／　コートを貸す

3）足が痛い　／　車で送る

付録

ふろく

◆ 時(とき) ◆

おととい < きのう < きょう > あした > あさって　毎日(まいにち)

先々週(せんせんしゅう) < 先週(せんしゅう) < 今週(こんしゅう) > 来週(らいしゅう) > 再来週(さらいしゅう)　毎週(まいしゅう)

先々月(せんせんげつ) < 先月(せんげつ) < 今月(こんげつ) > 来月(らいげつ) > 再来月(さらいげつ)　毎月(まいつき)

おととし < 去年(きょねん) < 今年(ことし) > 来年(らいねん) > 再来年(さらいねん)　毎年(まいとし)

◆ 時間(じかん) ◆

1時	いちじ
2時	にじ
3時	さんじ
4時	よじ
5時	ごじ
6時	ろくじ
7時	しちじ
8時	はちじ
9時	くじ
10時	じゅうじ
11時	じゅういちじ
12時	じゅうにじ
何時	なんじ
~時半	～じはん

1分	いっぷん
2分	にふん
3分	さんぷん
4分	よんぷん
5分	ごふん
6分	ろっぷん
7分	ななふん
8分	はっぷん／はちふん
9分	きゅうふん
10分	じ(ゅ)っぷん
11分	じゅういっぷん
20分	にじ(ゅ)っぷん
30分	さんじ(ゅ)っぷん
40分	よんじ(ゅ)っぷん
50分	ごじ(ゅ)っぷん
60分	ろくじ(ゅ)っぷん
何分	なんぷん

◆ 曜日（ようび） ◆

月曜日（げつようび）　火曜日（かようび）　水曜日（すいようび）　木曜日（もくようび）　金曜日（きんようび）　土曜日（どようび）　日曜日（にちようび）

何曜日（なんようび）

◆ ～月（がつ） ◆

1月 いちがつ	2月 にがつ	3月 さんがつ	4月 しがつ	5月 ごがつ	6月 ろくがつ	7月 しちがつ
8月 はちがつ	9月 くがつ	10月 じゅうがつ	11月 じゅういちがつ	12月 じゅうにがつ	何月 なんがつ	

◆ ～日（にち） ◆

1日 ついたち	2日 ふつか	3日 みっか	4日 よっか	5日 いつか	6日 むいか	7日 なのか
8日 ようか	9日 ここのか	10日 とおか	11日 じゅういちにち	12日 じゅうににち	13日 じゅうさんにち	14日 じゅうよっか
15日 じゅうごにち	16日 じゅうろくにち	17日 じゅうしちにち	18日 じゅうはちにち	19日 じゅうくにち	20日 は つ か	21日 にじゅういちにち
22日 にじゅうににち	23日 にじゅうさんにち	24日 にじゅうよっか	25日 にじゅうごにち	26日 にじゅうろくにち	27日 にじゅうしちにち	28日 にじゅうはちにち
29日 にじゅうくにち	30日 さんじゅうにち	31日 さんじゅういちにち	何日 なんにち			

◆ 期間（きかん） ◆

～時間（じかん）	～日（にち）（間（かん））	～週間（しゅうかん）	～ヶ月（かげつ）	～年（ねん）
1時間（いちじかん）	1日（いちにち）	1週間（いっしゅうかん）	1ヶ月（いっかげつ）	1年（いちねん）
2時間（にじかん）	2日（ふつか）（間（かん））	2週間（にしゅうかん）	2ヶ月（にかげつ）	2年（にねん）
3時間（さんじかん）	3日（みっか）（間（かん））	3週間（さんしゅうかん）	3ヶ月（さんかげつ）	3年（さんねん）
4時間（よじかん）	4日（よっか）（間（かん））	4週間（よんしゅうかん）	4ヶ月（よんかげつ）	4年（よねん）
5時間（ごじかん）	5日（いつか）（間（かん））	5週間（ごしゅうかん）	5ヶ月（ごかげつ）	5年（ごねん）
6時間（ろくじかん）	6日（むいか）（間（かん））	6週間（ろくしゅうかん）	6ヶ月（ろっかげつ）	6年（ろくねん）
7時間（しちじかん） 7時間（ななじかん）	7日（なのか）（間（かん））	7週間（ななしゅうかん）	7ヶ月（ななかげつ）	7年（しちねん） 7年（ななねん）
8時間（はちじかん）	8日（ようか）（間（かん））	8週間（はっしゅうかん）	8ヶ月（はっかげつ） 8ヶ月（はちかげつ）	8年（はちねん）
9時間（くじかん）	9日（ここのか）（間（かん））	9週間（きゅうしゅうかん）	9ヶ月（きゅうかげつ）	9年（きゅうねん）
10時間（じゅうじかん）	10日（とおか）（間（かん））	10週間（じっしゅうかん） 10週間（じゅっしゅうかん）	10ヶ月（じっかげつ） 10ヶ月（じゅっかげつ）	10年（じゅうねん）
何時間（なんじかん）	何日（なんにち）（間（かん））	何週間（なんしゅうかん）	何ヶ月（なんかげつ）	何年（なんねん）

◆ 助数詞(じょすうし) ◆

	～つ	～人	～枚	～台
1	ひとつ	ひとり	いちまい	いちだい
2	ふたつ	ふたり	にまい	にだい
3	みっつ	さんにん	さんまい	さんだい
4	よっつ	よにん	よんまい	よんだい
5	いつつ	ごにん	ごまい	ごだい
6	むっつ	ろくにん	ろくまい	ろくだい
7	ななつ	しちにん ななにん	ななまい	ななだい
8	やっつ	はちにん	はちまい	はちだい
9	ここのつ	きゅうにん	きゅうまい	きゅうだい
10	とお	じゅうにん	じゅうまい	じゅうだい
?	いくつ	なんにん	なんまい	なんだい
例(れい)	りんご いす かばん	人(ひと)	紙(かみ) 皿(さら) 写真(しゃしん)	車(くるま) 自転車(じてんしゃ) テレビ

	～個	～冊	～本	～階
1	いっこ	いっさつ	いっぽん	いっかい
2	にこ	にさつ	にほん	にかい
3	さんこ	さんさつ	さんぼん	さんがい
4	よんこ	よんさつ	よんほん	よんかい
5	ごこ	ごさつ	ごほん	ごかい
6	ろっこ	ろくさつ	ろっぽん	ろっかい
7	ななこ	ななさつ	ななほん	ななかい
8	はっこ	はっさつ	はっぽん	はっかい
9	きゅうこ	きゅうさつ	きゅうほん	きゅうかい
10	じ(ゅ)っこ	じ(ゅ)っさつ	じ(ゅ)っぽん	じ(ゅ)っかい
?	なんこ	なんさつ	なんぼん	なんがい
例(れい)	りんご いす かばん	本(ほん) 辞書(じしょ) ノート	ワイン 傘(かさ) ペン	

◆ 動詞(どうし)の活用(かつよう) ◆

		ます形(けい)	て形(けい)	ない形(けい)	辞書形(じしょけい)
I	買(か)います	買(か)い（ます）	買(か)って	買(か)わ（ない）	買(か)う
	持(も)ちます	持(も)ち（ます）	持(も)って	持(も)た（ない）	持(も)つ
	作(つく)ります	作(つく)り（ます）	作(つく)って	作(つく)ら（ない）	作(つく)る
	*あります	あり（ます）	あって	*ない	ある
	死(し)にます	死(し)に（ます）	死(し)んで	死(し)な（ない）	死(し)ぬ
	遊(あそ)びます	遊(あそ)び（ます）	遊(あそ)んで	遊(あそ)ば（ない）	遊(あそ)ぶ
	飲(の)みます	飲(の)み（ます）	飲(の)んで	飲(の)ま（ない）	飲(の)む
	書(か)きます	書(か)き（ます）	書(か)いて	書(か)か（ない）	書(か)く
	*行(い)きます	行(い)き（ます）	*行(い)って	行(い)か（ない）	行(い)く
	泳(およ)ぎます	泳(およ)ぎ（ます）	泳(およ)いで	泳(およ)が（ない）	泳(およ)ぐ
	話(はな)します	話(はな)し（ます）	話(はな)して	話(はな)さ（ない）	話(はな)す
II	食(た)べます	食(た)べ（ます）	食(た)べて	食(た)べ（ない）	食(た)べる
III	します	します	して	しない	する
	来(き)ます	来(き)ます	来(き)て	来(こ)ない	来(く)る

		た形(けい)	意向形(いこうけい)	ば形(けい)
I	買(か)います	買(か)った	買(か)おう	買(か)え（ば）
	持(も)ちます	持(も)った	持(も)とう	持(も)て（ば）
	作(つく)ります	作(つく)った	作(つく)ろう	作(つく)れ（ば）
	*あります	あった	——	あれ（ば）
	死(し)にます	死(し)んだ	死(し)のう	死(し)ね（ば）
	遊(あそ)びます	遊(あそ)んだ	遊(あそ)ぼう	遊(あそ)べ（ば）
	飲(の)みます	飲(の)んだ	飲(の)もう	飲(の)め（ば）
	書(か)きます	書(か)いた	書(か)こう	書(か)け（ば）
	*行(い)きます	*行(い)った	行(い)こう	行(い)け（ば）
	泳(およ)ぎます	泳(およ)いだ	泳(およ)ごう	泳(およ)げ（ば）
	話(はな)します	話(はな)した	話(はな)そう	話(はな)せ（ば）
II	食(た)べます	食(た)べた	食(た)べよう	食(た)べれ（ば）
III	します	した	しよう	すれ（ば）
	来(き)ます	来(き)た	来(こ)よう	来(く)れ（ば）

초급 일본어회화

초　판 1쇄 발행 2007년 3월 10일
수정판 1쇄 발행 2008년 3월 10일
수정판 2쇄 발행 2009년 3월 10일
수정판 3쇄 발행 2011년 3월 10일
수정판 4쇄 발행 2013년 8월 30일
수정판 5쇄 발행 2015년 3월 20일
수정판 6쇄 발행 2017년 2월 24일
수정판 7쇄 발행 2018년 3월 8일
수정판 8쇄 발행 2023년 3월 10일

지은이 한국외국어대학교 일본학술도서편찬위원회
발행인 고윤성
기획 신선호 · 박경민
편집장 장혜정
도서편집 노재은 · 변다은
디자인 정정은 · 최선아 · 김대욱
인사행정 이근영
재무관리 김문규 · 정예찬
전자책 · 사전 변다은
발행처 한국외국어대학교 지식출판콘텐츠원
02450 서울특별시 동대문구 이문로 107
전화 02)2173-2493~7
FAX 02)2173-3363
홈페이지 http://press.hufs.ac.kr
전자우편 press@hufs.ac.kr
출판등록 제6-6호(1969. 4. 30)
디자인 · 편집 ㈜이환디앤비 02)2254-4301
인쇄 · 제본 ㈜케이랩 053)583-6885

ISBN 978-89-7464-477-2 18730　　정가 16,000원

* 잘못된 책은 교환하여 드립니다.

HUINE 은 한국외국어대학교 지식출판콘텐츠원의 어학도서, 사회과학도서, 지역학 도서 Sub Brand이다. 한국외대의 영문명인 HUFS, 현명한 국제전문가 양성(International+Intelligent)의 의미를 담고 있으며, 휴인(携引)의 뜻인 '이끌다, 끌고 나가다'라는 의미처럼 출판계를 이끄는 리더로서, 혁신의 이미지를 담고 있다.

이 책의 음원(mp3)은 한국외국어대학교 지식출판콘텐츠원 홈페이지(press.hufs.ac.kr) – 게시판 – 자료실에서 다운받아 사용하시기 바랍니다.